André Heldner

Ausklinkhöhe 340 Meter

Herstellung und Verlag: BoD – Books on Demand,
Norderstedt
ISBN: 9783749483174

Zu diesem Büchlein

„Ja,

…nein,

…oder doch ja?"

Hin und her sprangen meine Gedanken und ich fragte mich, ob ich es wagen solle oder nicht. So brauchte es etwas Bedenkzeit, mich zu diesem kleinen Büchlein durchzuringen. Bei meinen Überlegungen hatte ich die vielen Regale unserer Buchhandlungen vor Augen, die vor einem Überangebot an Büchern, zu dem ich im Begriff war, ein weiteres hinzuzufügen, nur so strotzten.

Obwohl mich frei wie ein Vogel zu fliegen, von Kindheit an faszinierte und mich das Segelfliegen bis heute fesselt, war ich mir nicht sicher, ob das ausreichte, um über meinen etwas holprigen Weg bis zum ersten Alleinflug mit dem Segelflugzeug ein Buch zu schreiben. Wider besseres Wissen entschied ich mich für „ja".

Und prompt waren die nächsten Fragen da: Was für eine Art Büchlein war möglich, welche Leserschaft interessierte sich dafür und lieferte mein Thema überhaupt genug Stoff, um wenigstens ein paar Seiten damit zu füllen?

Auf keinen Fall ein Sachbuch. Das war ein Genre, das ich gern anderen überließ. Roman passte ebenfalls nicht, denn ich schrieb ja keine frei erfundene Geschichte. Dann schon eher ein in lockerer Sprache erzählter Tatsachenbericht, in dem ich über meine Sehnsucht, Gedanken und Erlebnisse vom Fliegen plaudere.

Und für wen das alles?

Das war schnell beantwortet: Für alle, die sehnsuchtsvoll jedem Flugzeug hinterher schauen oder selbst den Traum vom Fliegen in sich tragen und auf der Suche nach einem letzten Impuls sind, es selbst einmal auszuprobieren.

Und dann die Frage, ob das gesetzte Thema überhaupt genug „Stoff" lieferte, um darüber zu schreiben. Doch kaum, dass ich mich an meinen Laptop gesetzt hatte und mit dem Schreiben anfing, kamen mir mehr und mehr Ideen. Am Ende hatte ich x Themen, über die ich unbedingt berichten wollte. Ich war über den Facettenreichtum des Motivs Segelfliegen, bzw. des Fliegens insgesamt, selbst überrascht. Ein dicker Wälzer wurde es dennoch nicht, dafür aber eine aus meiner Sicht liebevolle Sammlung von Gedanken und inneren Bildern, die das Buchthema aus verschiedenen Blickrichtungen betrachtet.

Erwähnen möchte ich noch, dass es sich bei dem Büchlein um meine eigene Geschichte handelt. Daher habe ich die Namen anderer, mit Ausnahme zeitgeschichtlicher Personen, entweder weggelassen oder verändert.

Ob ich mich ohne den stets wohlmeinenden Rat meiner Freundin, für eine Segelfliegerausbildung im Alter von 62

Jahren entschieden hätte, weiß ich bis heute nicht – ihr gehört in jedem Fall Dank. Vor allem für die unendliche Geduld mit mir und die vielen Tage und Wochen auf dem Flugplatz, die in den letzten Monaten von unserer gemeinsamen Zeit abgingen. Und ohne ihre Korrekturen in meinem Skript, hielten sie jetzt ein Büchlein in den Händen, mit haarsträubend vielen Fehlern und unglücklichen Formulierungen.

So lade ich sie jetzt ein, mich auf meinem persönlichen und etwas holprigen Weg zum ersten Alleinflug im Segelflugzeug zu begleiten.

1. Kapitel

Die Fliegerei kommt zu mir

Ich war ein ganz normales Kind und mein erster Berufswunsch war Pilot werden zu wollen. Wie die meisten Jungs meines Alters, schaute ich jedem Flugzeug am Himmel sehnsuchtsvoll hinterher, begeisterte mich für alles Technische und träumte davon, selbst einmal Abenteuer, wie meine Helden aus den Jules Verne Büchern zu erleben. Das eine Mal spielte ich, dass mein Fahrrad ein alter Doppeldecker war, der mich in die höchsten Höhen trug. Dann wurde es ein Motorrad, mit dem ich gedanklich durch die Steilwandkurve der Berliner AVUS (der berühmten Nordkurve, die später abgerissen wurde) schoss. Aus Holzabfällen und dem Fahrgestell eines alten Kinderwagens baute ich mir einen Rennwagen. Mit diesem sauste ich unsere Straße herunter. Doch eines Tages endete die Fahrt unsanft an einem Baum. Das brachte mir nicht nur ein aufgeschürftes Knie ein, sondern bedeutete das Ende meines Gefährts – die zarten Speichenräder hielten mein Gewicht nicht aus und brachen während der Fahrt. Da half es auch nicht, dass mein Rennwagen sogar eine aus Fahrradglühlampen gebastelte Beleuchtungsanlage besaß.

Diese Kindheitserlebnisse ließen mich nie los. Nein, sie strahlten sogar auf meinen weiteren Werdegang aus – bis heute. Nach meiner Schulzeit und Lehre (Elektrotechnik), studierte ich Elektronik. Auch war ich über viele Jahre hinweg aktiver Segler. Ein Foto von einer meiner Jollen, das bei mir im Arbeitszimmer hängt, erinnert mich an diese Zeit. Ich fahre Motorrad, außerdem bin ich Funkamateur und fasziniert vom Morsen.

Unter all diesen Themen nimmt jedoch das Fliegen bei mir eine herausragende Stellung ein. Darüber möchte ich jetzt berichten.

1966. Damals wusste ich nicht, dass der Flugplatz Gatow am westlichen Stadtrand Spandaus, im Krieg von der Luftwaffe als Fliegerhorst genutzt wurde und ihm später während der Berliner Blockade eine wichtige Rolle bei der Luftbrücke zukam. Das alles war vor meiner Zeit. Was ich aber wusste, war, dass jetzt dort mehrmals am Tag Flugzeuge der Alliierten, in diesem Fall der englischen Besatzungsmacht, abhoben und landeten, denn wir wohnten nur etwa einen Kilometer von diesem Flugplatz entfernt, insbesondere die startenden Flugzeuge waren häufig bis zu uns zu hören. Auch ein kleines zweisitziges Propellerflugzeug tat hier seinen Dienst. Das hatte mir es besonders angetan.

Rückblickend kann ich nicht mehr sagen, wie viele Stunden ich als Kind am Zaun der Startbahn verbrachte, nur um mit großen Augen den Flugzeugen hinterherzuschauen. Aber eins ist sicher: In dieser Zeit wuchs in mir das Interesse an der Fliegerei. Noch heute höre ich den Klang der Motoren oder spüre das Zittern, das in der Luft lag, während einer dieser Flieger über mich hinweg flog. Als Plastikmodelle

9

standen all diese Flugzeuge im Kleinformat in meinem Kinderzimmer, ordentlich aufgereiht, eins neben dem anderen.

Und dann gab es einen „Tag der offenen Tür" auf dem Flugplatz Gatow. Endlich konnte ich die Flugzeuge anfassen, die ich sonst nur aus der Entfernung, im wahrsten Sinne des Wortes, anhimmeln konnte. Jetzt durfte ich auch dieses kleine Propellerflugzeug, das unzählige Male nur wenige Meter über mich hinweggeflogen war, aus nächster Nähe bewundern und sogar berühren. So kam ich zum ersten Mal in meiner Kindheit sprichwörtlich hautnah mit Flugzeugen in Kontakt.

1968. Ich war zwölf Jahre alt und flog allein mit einem Passagierflugzeug der ehemaligen US-Fluggesellschaft *PanAm* von Berlin-Tempelhof nach Hannover. Den Flug hatte mir damals Oma spendiert, damit ich die Ferien bei meiner Tante in Bielefeld verbringen konnte. Zwar dauerte der Flug nur etwa eine halbe Stunde, was er jedoch bei mir ausgelöst hatte, war weit mehr, als nur eine vorübergehende Flugbegeisterung. Als wäre es erst gestern, sehe ich immer noch die schicken Stewardessen mit ihren blauen Kostümen und den kleinen Schiffchen auf dem Kopf vor mir. Jede Einzelne wirkte auf mich wie ein Filmstar. Eine von ihnen schenkte mir damals eine Ansteckadel ihrer Fluggesellschaft. Lange hatte ich die Nadel, die aus einer blauen runden stilisierten Weltkugel und dem Schriftzug *PanAm* bestand, behütet, dann aber ist sie leider doch verloren gegangen.

Jedes Detail dieses Fluges blieb bis heute in meinem Gedächtnis. Da war die Kabineneinrichtung mit ihren ledernen, weichen Sitzen und der fremdartige Geruch – ein Gemisch aus Plastik, Gummi und Flugbenzin. Anschnallgurte kannte ich bisher noch gar nicht. Die Propeller, vier Stück waren es, fingen nacheinander an, sich zu drehen. Unter Brummen und Vibrieren der Flugmotoren rollten wir auf das Flugfeld, bis sie kraftvoll das Flugzeug beschleunigten. Ein Höhepunkt war der Start. Nie werde ich diesen Moment vergessen, als ich das erste Mal in meinem Leben vom Boden abhob und mit einem Flugzeug in die Luft stieg. Wie gebannt beobachtete ich aus dem kleinen Fenster, wie wir immer höher kamen. Schon damals war ich von der Technik eines Flugzeuges, vom Fliegen allgemein und dem Blick auf die Erde aus der Vogelperspektive überwältigt. Im Gegensatz zu vielen anderen, gefiel es mir, in Luftlöcher oder Turbulenzen zu geraten und dabei ordentlich durchgeschüttelt zu werden. Mit Begeisterung beobachtete ich, wie wir durch Wolken hindurch flogen, nur um Sekunden später wieder herauszukommen und ungehindert auf die Landschaft blicken zu können. Auf diese Art wurde für mich der Moment des erlebten Fliegens zu etwas Körperlichem, das auf der Erde, mit festem Boden unter den Füßen, seines Gleichen suchte.

Nicht im Entferntesten konnte ich daher die Frage meiner Tante, die mich vom Flughafen abgeholt hatte, verstehen, ob mir beim Fliegen übel wurde. Um an so etwas überhaupt nur zu denken, war ich während des Fluges viel zu aufgeregt und mit tausend neuen Eindrücken beschäftigt, die mich ablenkten. Zu diesem Zeitpunkt ahnte ich nicht, wie sehr mich die Fliegerei schon kurze Zeit später anziehen würde.

Kaum waren ein paar Wochen vergangen, fing ich mit dem Bau von Modellflugzeugen an. Den Anstoß hierzu erhielt ich auf einem Modellflugplatz, der auf dem nahegelegenen Rieselfeldgelände, etwa eine Dreiviertelstunde mit dem Fahrrad von meinem Elternhaus entfernt, gelegen war. Das sägende Geräusch der Motoren, der beißende Gestank ihrer Abgase und die Hingabe der Modellpiloten, mit der sie ihre selbstgebauten Flugzeuge fliegen ließen, begeisterten mich. Gern hätte ich hier mitgemacht, aber für die teuren Flugmotoren und Fernsteuerungen fehlte mir das nötige Geld. So beschränkte ich mich auf den Bau von frei fliegenden Segelflugmodellen. Diese wurden mit einem dünnen Seil wie ein Drachen hochgezogen. Nach einigen Kreisen waren sie wieder gelandet. Besonders stolz war ich, wenn es meinem Gleiter gelang, für mehrere Minuten in der Luft zu bleiben.

So freute ich mich, dass ich 1970 in die Flugzeugmodellbau-AG meiner Schule kam, die mein Physiklehrer leitete. Hier bauten wir Gleitflugmodelle oder Messinstrumente, wie zum Beispiel ein Hygrometer zum Messen der Luftfeuchte. Zusätzlich gab es Unterricht, in dem wir über die Grundlagen der Aerodynamik, also der Theorie des Fliegens, sprachen.

Aber das Schönste sollte erst noch kommen: Unser Lehrer

war gleichzeitig Segelflieger. Im Frühjahr 1971 fragte er mich, ob ich nicht einmal nach Oerlinghausen, einem Ort am Teutoburger Wald, mitkommen möchte, wo er selbst immer zum Segelfliegen hinfuhr. Zumindest für die nächsten zwei Jahre sollte das meinem Leben eine neue Wendung geben.

Der Modellbau wurde so für mich der Schlüssel zur Eroberung des Himmels. Im nächsten Kapitel werde ich hierüber berichten.

Vorauszuschicken ist, dass ich diese Zeilen aus meiner Erinnerung heraus schreibe. Leider, denn Fotos oder Aufzeichnungen aus dieser Zeit sind im Laufe der Jahre verloren gegangen, und zu den Menschen von damals habe ich schon lange keinen Kontakt mehr. Schade, doch das gehört wohl zu den Dingen im Leben, die viele von uns selbst schon einmal erlebt haben. Nur mein altes blaues und inzwischen vergilbtes Flugbuch besitze ich noch. So sind wenigstens einige Angaben über meine damaligen Flugaktivitäten erhalten geblieben.

Manches hat sich im Rückblick etwas verklärt. Hier habe ich mir eine gewisse literarische Freiheit zugestanden. Doch im Großen und Ganzen war es so, wie ich es im Folgenden niedergeschrieben habe.

Darüber, dass ich das Segelfliegen so schnell wieder aufgab, habe ich mich im Nachhinein mehr als einmal geärgert. Doch als Teenager gab es plötzlich viel Neues im Leben zu entdecken und die Fliegerei verlor an Bedeutung. Hinzu kam, dass für uns, als damalige West-Berliner, Fliegen nur in Westdeutschland möglich war. Der nächst-gelegene Segelflugplatz lag einige hundert Kilometer entfernt und war nur mit Auto oder Bahn zu erreichen. Dabei belasteten Übernachtungen und Verpflegung zusätzlich mein ohnehin schon knappes Budget.

2. Kapitel

Wir brauchen noch einen Sandsack

Vorab: Hin und wieder verwende ich in meinem Bericht das Wort *Kameraden*. Damit ist die große „Familie" der Flieger gemeint. Überall wo ich sie kennengelernt habe, war es faszinierend zu erleben, wie sie miteinander umgingen, sich gegenseitig halfen und füreinander da waren. Das war für mich von Anfang an eine prägende Erfahrung.

10.- 25.7.1971, zwei Wochen Segelfliegen!

Für mich waren diese ersten beiden Wochen ein herausragendes Erlebnis. Auch jetzt noch, knapp 50 Jahre danach, sehe ich diese Tage lebhaft vor mir.

Zwar mussten wir mit dem Auto, einem mit unseren Sachen bis oben vollgepackten Käfer, aus West-Berlin kommend, erst einmal die DDR-Grenzkontrollen und die Transitstrecke durch die damalige *Deutsche Demokratische Republik* hinter uns bringen, doch verging für mich die mehr-stündige Fahrt recht schnell. Oerlinghausen war etwa 400 Kilometer von Berlin entfernt, doch in meiner Aufregung verging die Anreise wie im Fluge. Und so standen wir am frühen Abend erschöpft aber glücklich, von den Fahrbahnstößen ordentlich durchgeschüttelt, vor der Fliegerherberge *Kardinal*, einer Baracke aus Holz. Sie war für uns Kneipe, Unterkunft sowie Dreh- und Angelpunkt in einem. Rückblickend würde ich sagen, dass sie mich an die

15

Zeit des Films „Quax, der Bruchpilot" aus den vierziger Jahren erinnerte, denn sie vermittelte dasselbe Flair und dieselbe nostalgische Stimmung, wie diese alte Komödie, in der Heinz Rühmann (1902-1994), der selber Flieger war, einst die Hauptrolle spielte.

Im Kasino hing ein etwa zwei Meter großes Modell eines damals schon in die Tage gekommenen Segelflugzeuges von Typ „Grunau-Baby". Die Wände waren mit einem zerborstenen Holzpropeller, einer Fliegerhaube mit Brille sowie etlichen Fotos von Flugzeugen und deren Piloten dekoriert.

Am Stammtisch trafen sich die „Alten", wie sich die älteren Flieger gern selbst bezeichneten. Ihre Geschichten handelten stets von Himmel und Wolken, von waghalsigen Piloten und den oft beschworenen, längst vergangenen Zeiten. Das war nicht verwunderlich, denn unter ihnen waren etliche, die während des Krieges bei den damaligen Fliegerkorps das Fliegen erlernt hatten und dann Piloten bei der Luftwaffe wurden. Das waren häufig raubeinige Burschen, die ohne jeglichen Respekt gegenüber den gängigen Lehrmethoden fürs Fliegen, erbarmungslos mit ihren Flugzeugen umgingen. Sie, so erlebte ich es später, übten das Segelfliegen mit einer erstaunlichen Lässigkeit aus, flogen scheinbar ohne Rücksicht auf Verluste und waren respektlos gegenüber den Gefahren des Fliegens. Die spektakulärsten Flüge am Platze führten sie durch. Untereinander waren diese Piloten eine eingeschworene Gruppe, wie von einem unsichtbaren Band zusammengehalten.

Links der Gaststube schlossen sich die Toiletten und bescheidenen Waschräume an. Rechts waren die Unterkünfte. In den Gruppenzimmern stan-den Doppelstockbetten. Für jeden, der dort schlief, gab es einen etwa fünfzig Zentimeter breiten Spind, genau wie in einer Jugendherberge. Der *Kardinal* bot für wenig Geld alles, was man für ein Segelflugwochenende brauchte: ein Bett zum Schlafen, Verpflegung und Gemeinschaft. Die Betten allerdings waren gewöhnungsbedürftig: harte Unterlagen, dünne Decken und geringer Kopfabstand, vor allem in den unteren Teilen der Etagenbetten. Aber ein Tag auf dem Flugplatz, und somit an der frischen Luft, der Umgang mit den Flugzeugen und die Bewegung, die jeder von uns hatte, machten auf eine gesunde Art müde. Am Abend dachte niemand mehr darüber nach, ob das Bett zu hart oder es in der Kammer zu kalt war.

Am nächsten Tag nach dem Frühstück war es dann so weit. Für 8:30 Uhr war allgemeines Treffen am Hangar angesagt. Ich konnte es kaum abwarten und fieberte dem Moment entgegen, wo die schweren Hallentore aufgeschoben und die sorgfältig verschachtelten Segelflugzeuge herausgeholt wurden. Schick sahen sie aus, wie sie mit ihren überwiegend damals noch stoffbespannten Tragflächen und elegant geformten Rümpfen vor mir standen – kreuz und quer in eine scheinbar viel zu kleine Halle geschachtelt.

Noch bevor das große Schieben, Drehen und Heben zum Herausholen der Flugzeuge begann, wurden die Mannschaften eingeteilt. Ich wurde der D-0663 (und gelegentlich der D-0644), beides Schulungsflugzeuge vom Typ ASK 13 (zweisitziges Standardsegelflugzeug in Gemischtbauweise, d.h. Rumpf: stoffbespannte Stahlrohr-Konstruktion, Flügel und Leitwerk in Holzbauweise), zugewiesen. Von Anfang an war ich voll mit einbezogen und war hiermit, für mich völlig überraschend, ein Flugschüler. Dass das so einfach war, damit hatte ich nicht gerechnet. Bevor man sich das erste Mal ins Flugzeug setzen durfte, so dachte ich, müsste doch zumindest so etwas wie ein Einführungsunterricht kommen. Aber weit gefehlt. Die erforderlichen theoretischen Grundlagen erhielt ich, wie ich in den nächsten Tagen schnell erfuhr, peu à peu während der praktischen Flugausbildung.

Meine Mannschaft bestand aus sechs Segelflugschülern und einem Fluglehrer. Das bedeutete, dass jeder von uns etwa einen Flug am Vormittag und einen am Nachmittag machen konnte. Für mehr reichte die Zeit meistens nicht aus; später sollte genau das einer der Gründe werden, weshalb meine Freude am Segelfliegen einschlief. Während ein Schüler flog, warteten die anderen am Rande des Flugfelds auf seine Rückkehr. Und war er dann gelandet, hieß es, das Flugzeug schnellstmöglich mit vereinten Kräften wieder zum Startplatz zu schieben. Nun war der nächste dran.

Aber zurück zu mir.

Am 10.7.1971 um 16:36 Uhr hieß es dann: „André, jetzt bist du dran."

Jetzt wurde es für mich ernst.

„Wir brauchen noch einen Sandsack."

Mit diesem merkwürdigen Satz des Fluglehrers bereitete ich mich auf meinen ersten Start vor.

Schnell lernte ich, dass das aus keinem mir bis dahin noch fremden Segelfliegerjargon stammte, was mich als blutigen Anfänger nicht sonderlich gewundert hätte. Nein, vielmehr war ich damals um einiges zu leicht und es bedurfte eines Zusatzgewichts, um die richtige Gewichtsverteilung für das Flugzeug zu erreichen. Hierzu bekam ich ein sandgefülltes Kissen in die Hand gedrückt, auf das ich mich im Flugzeug setzen musste.

Kaum war ich damit bestückt, gab es einen etwa fünfminütigen Trockenkurs. Knüppel ziehen: Flugzeug steigt, Knüppel drücken: Flugzeug sinkt. Knüppel zur Seite: Querruder, Pedale: Seitenruder rechts oder links. Die Instrumente wurden schnell erklärt. Drei von ihnen waren besonders wichtig: der Fahrtmesser (Geschwindigkeit in km/h), der Höhenmesser (Höhe in m) und das Variometer, kurz: Vario, (Steigen und Fallen in m/s). Allmählich begann es im Kopf zu schwirren. Die vielen neuen Eindrücke, Begriffe und Informationen mussten erstmal darin ihren Platz finden.

Anschließend bekam ich einen Fallschirm gereicht. Spätestens ab jetzt war klar, dass ich kurz bevorstand, in eine für mich neue und bisher völlig fremde Welt einzutauchen. Der Fallschirm, der wie ein grober und unbequemer Rucksack auf mich wirkte, kam mir riesig vor – und schwer war er obendrein. Aber das relativierte sich, als ich damit ins

Flugzeug kletterte (vorderer Sitz) und mich setzte. Die Reißleine, die ein stückweit aus dem Fallschirmsack langte, wurde an einer dafür vorgesehen Öse im Cockpit befestigt. Darüber, dass beim Fliegen irgendetwas schief gehen könnte und ich mich vielleicht sogar einmal durch einen Fallschirmabsprung würde retten müssen, hatte ich mir damals keine Gedanken gemacht. Der Fallschirm gehörte halt dazu.

Der Höhenmesser musste vor jedem Start auf „Null" gestellt werden. Das war meine erste Aufgabe. Hierzu gab es einen kleinen Drehknopf neben der Anzeigeskala des Instruments. Angeschnallt im Cockpit mit dem Fallschirm am Rücken und nach der Einstellung des Höhenmessers, fühlte ich mich bereits wie ein richtiger Flieger. Kaum, dass ich das alles registriert hatte, klappte der Fluglehrer auch schon die große einteilige Cockpithaube herunter und verriegelte sie. Jetzt waren wir zum Start bereit. Bei diesem ersten Flug fühlte ich die Ruder ohne Kraft mit, was ich auch brav machte, denn ich sollte zunächst das Gespür für die Steuerung bekommen.

„Aus – ein!", und das damals noch stählerne Seil für den Windenstart war in den Verschluss der Schleppkupplung des Segelflugzeugs eingeklinkt. Startfreigabe! Ein Blinklicht auf dem Dach der weit hinten stehenden Seilwinde begann aufzuleuchten und mit einem Ruck ging es auch schon los – unsere ASK 13 beschleunigte zügig. Kaum dass wir ein paar Meter über die Graspiste geholpert waren, hielt sich der Gleiter allein in der Waage, kurz darauf hoben wir ab.

Es war ein berauschendes Gefühl, als sich das Seil der

Schleppwinde straffte, ich zum ersten Mal die Beschleunigung in meinem Bauch spürte, der Wind langsam anfing, das Flugzeug an den Tragflächen hochzuheben und, bildlich gesprochen, uns die Erdanziehung freigab. Mir kam die Geschwindigkeit irrsinnig hoch vor. Tatsächlich beschleunigten wir binnen nur weniger Sekunden auf über 100 km/h.

Die ersten etwa 50 Meter Höhe verliefen in einem verhältnismäßig flachen Flug, dann aber stiegen wir steil empor und gewannen rasch an Höhe. Ich spürte ein leichtes Vibrieren der Tragflächen und beobachtete, wie sich die Landschaft allmählich unter mir veränderte. Mit zunehmender Höhe wurde alles auf der Erde kleiner. Häuser, Autos, Straßen und Menschen wirkten plötzlich wie Miniaturen einer Modelleisenbahnanlage, unwirklich und entrückt – mir fehlten die Worte. Nach 340 Metern war der Steigflug beendet und das Schleppseil klinkte aus. Der Flug glich jetzt einem sanften Wiegen. Jetzt wusste ich, was Flieger damit meinten, wenn sie von einem Luftmeer sprachen. Die Windgeräusche, das leichte Tänzeln des Flugzeugs, die Kurven – ich registrierte alles genau. Mit Händen und Füßen fühlte ich vorsichtig die Ruderbetätigungen am Steuerknüppel und den beiden Fußpedalen mit, die der Fluglehrer hinter mir machte. Ein kleines Stück durfte ich sogar versuchen, die Geschwindigkeit selbstständig zu halten. Hierzu war es erforderlich, leicht mit dem Höhenruder durch ziehen oder drücken zu „spielen". Überrascht stellte ich hierbei fest, wie empfindlich das Flugzeug selbst auf die geringsten

Ruderbetätigungen reagierte. Der Steuerknüppel musste praktisch wie ein rohes Ei geführt werden. Schon auf wenige Millimeter Veränderung reagierte das Flugzeug prompt und erstaunlich schnell.

Die Zeit bis wir landeten, verging buchstäblich wie im Fluge. Einige Kreise und Achten, und schon, für mich viel zu früh, lag das Landekreuz querab zu unserer Flugbahn und wir mussten mit dem Landeanflug beginnen. Nach zwei Kurven wurden die Landeklappen herausgefahren und kurze Zeit später hatte uns die Erde wieder. Und plötzlich war der Traum vom Fliegen vorbei wie ein Aufwachen aus einem zu kurzem Schlaf. Eben noch frei wie ein Vogel und nun wieder angekommen in der irdischen Realität.

Mein erster Flug dauerte 13 Minuten.

Dieser ersten Begegnung mit dem Segelfliegen sollten viele weitere folgen. Immer waren es Tage, an denen ich das Fliegen, die Gemeinschaft, die Technik und den Umgang mit unseren Flugzeugen sehr genoss. Und mit jedem Start kam etwas Neues dazu, was ich von nun an selber machen konnte, ja sogar sollte. Zunächst lernte ich Richtung und Geschwindigkeit zu halten, später saubere Kurven zu fliegen. Etwa ab dem 10. Flug durfte ich bereits die Starts selbstständig durchführen. Landungen hingegen waren etwas kniffliger. Um das nötige Feingefühl hierfür zu bekommen, brauchte es noch etwas Zeit. Aber ich war auf einem guten Weg dorthin.

3. Kapitel

Eine Begegnung mit Hanna Reitsch

Eines der Wochenenden barg ein besonderes Ereignis. Erst im Nachhinein erfuhr ich, dass die mir von meinem damaligen Fluglehrer (Fred W.) vorgestellte Fliegerin Hanna Reitsch (1912-1979), eine berühmte Flugpionierin war. Sie war für ein paar Tage zum Segelfliegen nach Oerlinghausen gekommen.

Wir schrieben einen Tag im Juli 1971. An diesem Vormittag zog sie alle Aufmerksamkeit auf sich. Hanna Reitsch saß startbereit in ihrem Gleiter. Die Haube war hochgeklappt und eine Traube von Menschen stand um sie herum. Einige löcherten sie mit Fragen und wollten mit ihr reden, andere die berühmte Fliegerin einmal aus der Nähe sehen. An einen Start war für sie nicht zu denken. Erst als Fred sich einmischte (er und Hanna schienen sich recht gut zu kennen) und die anderen wegschickte, gelang ihr es, die Haube zu schließen und die letzten Startvorbereitungen zu treffen.

Für mich war das Kennenlernen dieser alten fliegenden Frau, wie ich es damals empfand, etwas Ungewöhnliches. Die meisten von uns waren im Vergleich wesentlich jünger, und nun war da diese Flugpionierin, die altersmäßig meine Oma hätte sein können. Ich fragte mich, ob sie überhaupt noch fliegen konnte. Allerdings machte diese kleine Frau auf mich einen sehr lebendigen Eindruck. Besonders habe ich in Erinnerung, mit welch großer Freude und Begeisterung sie über das Segelfliegen fachsimpelte.

Ein sauberer Start war das Letzte, was ich von ihr mitbekam. Die meisten anderen hatten an diesem Tag mit Thermik wenig Glück – spätestens nach zehn Minuten waren sie abgesoffen, wie es im Segelfliegerjargon hieß, und mussten wieder landen. Wie Hanna Reitsch es schaffte, war allen ein Rätsel. Ihr gelang, was keinem anderen an diesem Tag möglich war, ein längerer Flug.

Rückblickend schaue ich, insbesondere nachdem ich vieles über sie und von ihr gelesen habe, mit Bewunderung auf die Leistungen dieser wohl talentiertesten Fliegerin aller Zeiten. Sie war Versuchs- und Erprobungspilotin und vor allem eine begnadete Segelfliegerin. Von ihren über 40 Rekorden hält sie einige noch bis heute. Ihr Anfang der siebziger Jahre an diesem Ort zu begegnen, war nicht ganz so verwunderlich. Schließlich waren es diverse Segelflugwettbewerbe, an denen sie hier in Oerlinghausen einst teilgenommen hatte.

Damals, mit vierzehn Jahren, empfand ich diese kleine und dennoch große Pilotin, wie ich leider erst später wusste, als aus ihrer Zeit gefallen. Heute gäbe es vieles, worüber ich gern mit ihr sprechen würde.

4. Kapitel

Etwas Kunstflug und die Sache mit dem abgeklebten Fahrtmesser

Wir hatten herrliches Wetter und die Thermik brachte uns an diesem Nachmittag schnell auf über 1000 Meter Höhe. Grund genug für den Fluglehrer, mir vorzuführen, wie das Flugzeug in Ausnahmesituationen reagierte. Denn nur weiter oben, mit genügend großem Abstand zur Erde, konnten gefährliche Fluglagen nachgestellt und geübt werden. Ich hatte die Möglichkeit hierbei zu erfahren und zu lernen, wie sich unsere ASK 13 in ungewöhnlichen Flugsituationen verhält und ich sie wieder in die Normalfluglage bringen konnte, selbst aus den ungewöhnlichsten Flugfiguren heraus.

Zunächst flogen wir einen sogenannten Törn. Dazu nahmen wir kräftig Fahrt auf. Danach zogen wir solange am Steuerknüppel, bis unser Flugzeug senkrecht nach oben schoss. So hielten wir es, bis der Fahrtüberschuss restlos aufgebracht war und die Strömung abriss – aber nur für Bruchteile von Sekunden, denn jetzt kippten wir zur Seite weg und es ging im Sturzflug runter wie bei einer Achterbahnfahrt. Ich war überrascht, was mit unserem Schulflugzeug alles möglich war. Dann flogen wir ein Looping. Mich verwunderte hierbei das fremdartige Gefühl für oben und unten. Mehr als gedacht, musste ich mich auf die Orientierung konzentrieren. Zusätzlich waren die Beschleunigungswechsel, denen ich bei diesen Übungen ausgesetzt war, gewöhnungsbedürftig. Wie mussten sich da erst die Kunstflugpiloten in ihren Motorflugzeugen fühlen, wenn ihnen bei einem Looping nach vorn (also nach unten, anstatt nach oben geflogen), binnen Sekunden das gesamte Blut in den Kopf schoss? Zum Abschluss dieser Gefahreneinweisung brachte mein Fluglehrer das Flugzeug ins Trudeln. Hierbei schraubten wir uns in einer steilen Spirale schnell der Erde entgegen und verloren rasch an Höhe. Die gesamte Erde drehte sich hierbei vor meinen Augen wie ein Kreisel. Um wieder in die normale Fluglage zu kommen, musste ich den Steuerknüppel in die Neutralstellung bringen und kräftig Seitenruder gegen die Trudelrichtung geben. Nachdem das Trudeln aufhörte, wurde das Flugzeug mit dem Höhenruder abgefangen – aber sachte, damit wir nicht gleich wieder unbeabsichtigt in einen Törn übergingen.

Etwas ganz anderes war es bei der Sache mit dem überklebten Fahrtmesser. Mein Fluglehrer Fred W. bediente sich zuweilen recht unkonventioneller Lehrmethoden. So war er der Meinung, dass ich nicht das richtige Gespür für die Geschwindigkeit hatte und überklebte kurzerhand den Fahrtmesser auf dem Instrumentenbrett mit einem Stück Pappe. Ab jetzt konnte ich die Geschwindigkeit nur anhand der Horizontlage und des Fluggeräusches abschätzen – wie ärger-lich! Zum Glück aber hatte ich mir bei meinen vorherigen Flügen an der Haube den Punkt eingeprägt, an dem der Horizont bei Normalflug etwa stehen müsste, außerdem waren mir inzwischen die Fahrtgeräusche der ASK 13 vertraut. All das half mir jetzt, wo das Anzeigeinstrument überklebt war, halbwegs die Normalgeschwindigkeit von 80 km/h zu halten. Diese Art von Pädagogik war offensichtlich nicht die schlechteste. Jedenfalls brauchte ich bei meinen nächsten Flügen kaum noch auf den Fahrtmesser zu achten und konnte mich somit besser auf den Luftraum, die nächsten Kurven und das Fliegen überhaupt konzentrieren. Nur bei hügligem Gelände, wo sich ein anderes Horizontbild als üblich einstellte und dem Landeanflug, bei dem das Halten einer etwas erhöhten Geschwindigkeit wichtig war, wollte ich auf den Fahrtmesser auch weiterhin nicht verzichten – das war aber auch für Fred okay.

5. Kapitel

Noch ein paar Baustunden gefälligst?

Vielleicht fragt sich der eine oder andere unter ihnen, wie ich mir als Schüler das Segelfliegen überhaupt leisten konnte, zumal mich meine Eltern hierbei so gut wie nicht unterstützten.

Die Antwort ist schnell gegeben. Ich wurde Mitglied in dem Segelflugverein, in dem mich mein damaliger Physiklehrer eingeführt hatte (Naturfreunde, Abteilung Luftsport). Damit wurde das Fliegen für mich erschwinglich.

Der Viermächte-Status unserer Stadt verbot die Privatfliegerei in Berlin. Entsprechend blieb uns in den siebziger Jahren nichts anderes übrig, als zum Fliegen nach Westdeutschland zu fahren. Hierzu kooperierten wir mit einem Segelflugverein aus Herford, der ebenfalls auf unserem Segelflugplatz am Teutoburger Wald flog. Wir teilten uns die Flugzeuge, Seilwinden usw. und verbrachten die Tage gemeinsam.

In einer nicht mehr benötigten Lagerhalle eines Industriehafens in Berlin-Charlottenburg, noch heute sehe sie vor mir, hatte unser Verein damals sein Domizil. Das war in der Nähe des jetzigen U-Bahnhofs Richard-Wagner-Platz. Zu tun gab es dort immer etwas. Im Winter wurden die Flugzeuge überholt und in den Sommermonaten wurde die Werkstatt aufgeräumt oder Reparaturen durchgeführt. Und das Schönste: Mit jeder abgeleisteten Baustunde sammelte ich Baustundenzettel. Diese wurden mir dann auf dem Flugplatz für die anfallenden Startgebühren angerechnet. So sammelte ich bei den wöchentlichen Vereinstreffen ordentlich Baustunden. Damit war zumindest das Fliegen finanziert.

Noch heute klingt das Lied „Let it Be" von den Beatles in meinem Kopf, das – damals brandaktuell – bald stündlich im Radio gespielt wurde. So auch in unserer Werkstatt, wo es quäkend aus den Lautsprechern unseres alten Röhrenempfängers krächzte. Seitdem verbinden mich fest mit diesem Lied Erinnerungen an eine Zeit, in der ich einst mithalf, unsere Segelflugzeuge für die nächste Saison wieder fit zu machen.

Die Überfahrten von Berlin nach Oerlinghausen waren für mich, als Schüler ohne Einkommen (mein einziger Zuverdienst zum Taschengeld war das wenige Geld, das ich für das Verteilen von Werbebroschüren einer Eisenwarenhandlung erhielt), per Mitfahrgelegenheiten bei Vereinsmitgliedern organisiert. Die Absprachen hierfür wurden üblicherweise auf den Bauabenden getroffen. Diese waren stets donnerstags. Ich brauchte mich hierbei nur symbolisch an den Benzinkosten, wie auch an den Übernachtungen in unserer alten Fliegerbaracke zu beteiligen. Dafür reichte mein Taschengeld gerade noch aus. Es wurde alles unternommen, uns Jugendlichen das Segelfliegen zu ermöglichen. Ich würde mir wünschen, dass das in den Vereinen auch heute noch so gehandhabt wird. Leider nur war ich damals der einzige Flugschüler meiner Altersgruppe, die nächst Älteren waren bereits über zwanzig.

6. Kapitel

Ein Modellflugwettbewerb

Ein paar Monate lagen bereits hinter meinem fünfzehnten Geburtstag. Ich wünschte mir Geld für die geliebte Fliegerei. Hiervon kaufte ich mir einen Baukasten für ein Modellsegelflugzeug, mit dem ich etwas ganz Besonderes vorhatte: die Teilnahme an einem Modellflugwettbewerb. Geflogen wurde auf dem schon erwähnten Rieselfeldgelände, wo damals ein Modellflugverein seinen Flugplatz hatte, den er für diesen Wettbewerb zur Verfügung stellte.

Jeder Teilnehmer hatte drei Flüge.

Der Start erfolgte mit einem fünfundzwanzig Meter langen Nylonseil, das sich, ähnlich wie bei einem richtigen Segelflugzeug, nach dem Start ausklinkte und auf den Boden fiel. Von da ab wurde die Zeit gemessen. Derjenige, dessen Flieger am Schluss am längsten in der Luft war, hatte gewonnen. Soweit die Theorie. In der Praxis sah das bei mir allerdings ganz anders aus. Anstatt einfach nur ein paar Kreise zu fliegen und dann wieder zu landen, was ich eigentlich erwartet hatte, tat mein kleiner Gleiter bei seinem ersten Flug etwas völlig anderes. Auch er flog zunächst Kreise, aber er machte keine Anstalten wieder vor Ort zu landen, wie es die anderen taten. Nein, er stieg immer höher und höher. Die Schiedsrichter mussten sich nach endlos scheinenden Minuten schon sehr konzentrieren, ihn nicht aus den Augen zu verlieren. Ich aber freute mich riesig über den herrlichen Eindruck, den ausgerechnet mein Flugzeug hier bei diesem Vergleichswettbewerb hinterließ. Irgendwann verschwand es als winziger schwarzer Punkt in der Weite des Horizonts, und solange liefen die Stoppuhren. Wie viele Minuten es genau waren, weiß ich nicht mehr, doch wurde schnell deutlich: Ein oberer Platz war mir sicher. Und schon stand ich – das erste Mal in meinem Leben – auf einem Siegerpodest und durfte mir sogar den Preis aussuchen. Ich hatte die Wahl zwischen einem Modellbaukasten und einem Segelflugwochenende in Braunschweig einschließlich Anreise, Übernachtung und Essen. Da brauchte ich nicht lange zu überlegen: Na klar wollte ich dort hin! Das war eine gelungene Ergänzung zu meiner Segelfliegerausbildung, mit der ich ja zu dieser Zeit bereits begonnen hatte.

Von Braunschweig selbst, sah ich so gut wie nichts – hatte dafür aber eine Menge Flugplatzluft geschnuppert. Die zwei vereinbarten Flüge fanden auf einem damals schon etwas betagten Segelflugzeug vom Typ Ka 7 mit dem Luftfahrzeugkennzeichen D-2000 statt. Dieses, als Rhönadler bezeichnete Flugzeug, war im Vergleich zu dem mir inzwischen vertrauten Nachfolgemodell, der ASK 13, zwar ebenfalls in Gemischtbauweise hergestellt, aber insgesamt schwerfälliger in den Rudern und merklich lauter, was die Fluggeräusche betraf. Dennoch hatte ich an den Flügen riesigen Spaß. Hinzu kam, dass alle hier sehr nett zu mir waren und mich von Anfang an wie einen von ihnen behandelten. Auch hier spürte ich das Besondere der Kameradschaft unter Fliegern. Das war nicht nur in Oerlinghausen so, sondern offenbar auf jedem Flugplatz.

Leider konnte nur bis zum Nachmittag geflogen werden, denn gegen 16 Uhr ging die Seilwinde kaputt. Jeder Versuch, sie wieder in Gang zu bringen, scheiterte. Alle waren traurig, denn damit war gleichzeitig für uns der Flugbetrieb, für zumindest diesen Tag, beendet.

War es zu schaffen, die Winde wieder bis zum nächsten Tag zum Laufen zu bringen? Einer der Vereinsmitglieder schien sich auszukennen. Er verschwand mit diesem klobigen und auf mich antiquiert wirkenden Gerät (so etwas wie ein Kleinlastwagen, auf dessen Ladefläche der Windenmotor mit zwei großen Seiltrommeln montiert war) in einem Hangar. Hier wurde nun geschraubt, gereinigt, gehämmert und gebangt, ob diesem technischem Monstrum, wie ich es empfand, wieder Leben einzuhauchen war. Da ich nichts weiter vorhatte, ging ich dem Kameraden bis etwa 2 Uhr morgens zur Hand. Natürlich hatte ich keine Ahnung von derlei Reparaturarbeiten und erst Recht nicht von Seilwinden, aber dazu, ihm Werkzeug zu reichen, ab und zu etwas abzunehmen und vor allem ihm Gesellschaft zu leisten, reichte es allemal. Denn auch das war wichtig. Und tatsächlich gelang es, die Seilwinde zum kommenden Morgen, wir schrieben inzwischen Sonntag, den 18. Juni 1972, wieder klar zu bekommen. Alle freuten sich riesig über die gelungene Reparatur und überschlugen sich, uns gegenüber besonders aufmerksam zu sein. Auch ich empfand das als ein schönes Erfolgserlebnis. Aus Anerkennung für meinen Einsatz erhielt ich noch einen herrlichen zusätzlichen Flug. Das war ein schöner Abschluss für ein tolles Wochenende, das ich im Kreise sehr netter Fliegerkameraden verbracht hatte.

Als ich nach Hause kam, gab es noch eine weitere gute Nachricht. Meine Mutter hatte einen Anruf von einer Frau aus Zehlendorf erhalten, die in ihrem Garten mein bis dahin verschollen geglaubtes Segelflugmodell fand. Unbeschädigt landete es dort.

Konnte das denn überhaupt möglich sein, dass mein kleiner Modellsegler, mit nur 1,10 Meter Spannweite, über die Havel, bis in einen Villenbezirk in der Nähe des Wannsees geflogen war? Geschätzt waren das zehn Kilometer. Auf jeden Fall war es die richtige Entscheidung, unsere Telefonnummer unten an die Tragfläche zu schreiben.

Ich war schon etwas stolz, als ich meinen Flieger wieder in den Händen hielt, der einen solchen, für mich fast unvorstellbaren Ausflug hinter sich hatte.

7. Kapitel

Zwischenzeit

So ganz ließ mich die Fliegerei nach diesen frühen Jahren nicht los. Immer wieder zog es mich zu Flugplätzen, Flugzeugmuseen oder Orte, die irgendetwas mit Flugzeugen oder zumindest mit der Fliegerei zu tun hatten. Mehrmals flog ich als Gast in Sportmaschinen mit und genoss den Blick von oben. Einmal unternahm ich sogar einen Flug bei einer Flugschule für Ultraleichtflugzeuge. Aber immer wieder stellte ich fest, dass Motorflug nichts für mich war. Das Dröhnen der Motoren störte mich erheblich und verhinderte das ungezwungene Fluggefühl, das ich doch beim Segelfliegen so schätzen gelernt hatte. Einen touristischen Fesselballonaufstieg im Stadtzentrum Berlins, den ich mit meiner Freundin unternahm, fand ich zwar nett, doch vermisste ich das Kribbeln im Bauch, das ich bei Tragflächenflugzeugen so liebte. Mir fehlte schlicht das für mich überwältigende Gefühl, das von der Geschwindigkeit eines Flugzeugs ausging.

Eine Zeitlang war ich sogar Mitglied im Förderverein eines Luftwaffenmuseums und arbeitete bei der Restaurierung alter Flugzeuge mit. Das war in den neunziger Jahren. Aber bei der Restaurierung eines Kampfjets kamen mir dann doch Zweifel, ob ich hier das Richtige tat, denn eins war klar: Es war ein Militärflugzeug, und davon war ich kein Befürworter. Überhaupt, so stellte ich fest, interessierten mich Strahlflugzeuge nicht sonderlich. Schade, denn grundsätzlich war ich, und bin es bis heute, an der Historie der Fliegerei interessiert – nicht aber an Kriegsgerät, so wie ich es hier vorfand.

Auch hielt ich durch Bücher und Filme Kontakt zur Fliegerei. Insbesondere interessieren mich die Geschichten und Leistungen der Pioniere der Luftfahrt. Ich war begeistert von den Erlebnissen der Fliegerin Elly Beinhorn (1907-2007), die Anfang der dreißiger Jahre des vorigen Jahrhunderts mit einem kleinen einmotorigen Holzflugzeug, einer Klemm 25, allein um die Welt flog, von der Segel- und Erprobungsfliegerin Hanna Reitsch oder dem Atlantiküberquerer Hermann Köhl (1888-1938). Von ihnen allen besitze eine bescheidene Sammlung (teilweise antiquarischer) Bücher.

Jedes Mal, wenn ich in einem Ferienflieger saß und als Pauschaltourist mit 800 km/h einer spanischen oder griechischen Urlaubsinsel entgegenflog, musste ich daran denken, wie ich einst selbst einmal im Segelflugzeug saß und dabei war, den Flugschein zu machen – das waren Träume. Aber darüber, diese vielleicht noch einmal zu realisieren, hatte ich bislang ernsthaft nicht nachgedacht.

Und dann geschah etwas Erstaunliches...

8. Kapitel

Ein Museumsbesuch mit Folgen

Es war irgendwann im Sommer 2017.

Was tun an einem verregneten Tag, an dem ich zudem noch frei und nichts weiter vor hatte? Ich entschied mich für einen Besuch eines Flugzeugmuseums. Lange war es her, dass ich das letzte Mal dort war.

Hier standen sie nun, auch hingen einige von ihnen an Stahlseilen von der Decke herab, stumm und bewegungslos. Hölzerne und metallene Erinnerungen, ehemals stolze Eroberer der Lüfte, jetzt Hüllen ohne Leben, Fassaden, Illusionen, Leidenschaften – manchmal auch viel zu kurze. Hier ein aufgeschlitzter Rumpf, da eine zerborstene Tragfläche, ein einzelner Motor, ein seines Flugzeugs beraubtes Leitwerk. Einst der Erdanziehung trotzend, emporgestiegen gen Himmel, jetzt stille Zeugen – verstaubt, verstummt, zur Tatenlosigkeit verbannt. Was würden sie berichten, könnten sie nur erzählen? In mir tanzten und tobten Bilder von sehnsuchtsvoll dem Himmel entgegenfliegenden historischen Doppeldeckern.

Ein altes Passagierflugzeug, silbern glänzend. 15 Sitzplätze. Wellblech. Drei Motoren. Was für Schicksale trug es vor Zeiten rüttelnd und schaukelnd durch Wind und Wolken? Wie viel Wiedersehensfreude, Abschiedstränen, Ankommensfreude transportierte es, nahm es mit zu fremden

Zielen, zu nahen Sehnsüchten?

Und da, der alte Bomber. Erschauern ließ einem sein Anblick. Todbringende Fracht, Sirenen, Schreie, weinende Kinder, verbrannte Träume, Leichentücher. Dunkle Gedanken. Angst aus Stahl und Aluminium. Die meisten von ihnen wurden abgeschossen. Noch immer liegen viele davon tief versunken im Erdreich und mahnen. Nach über siebzig Jahren liegen die leichteren Bruchstücke in einer Tiefe von etwa drei und Luftschrauben, Fahrwerksteile oder Schmiedestücke in einer Tiefe von etwa fünf Meter. Ein Motor konnte in dieser Zeit leicht bis auf sechs, oder auch zehn Meter abgesackt sein. Das hängt sehr von der Beschaffenheit des Bodens ab. Auch hier im Museum waren die traurigen Reste eines solchen Motors zur Schau gestellt. Er war nur noch ein Schatten seiner selbst. Abgerissene Anschlussdrähte, undefinierbare Leitungen und Schläuche stachen wie dürre hilflose Arme in alle Himmelsrichtungen. Da wo einige Zylinder fehlten, hingen die Kolben wie erschlaffte Arme aus dem Motorgehäuse.

Und inmitten dieser schweigenden Sammlung, fast versteckt, ein kleines unscheinbares Motorflugzeug. Birkensperrholz. Zwei mannsgroße Löcher oben im Rumpf, davor jeweils eine kleine gebogene Windschutzscheibe – Plexiglas. Unten die Tragfläche. Der Propeller, Holz, auf sonder-bare Weise irgendwie organisch geschwungen, glänzend wie ein poliertes Möbelstück. Wie klang wohl einst der Motor? Scharf und beißend, stotternd, zaghaft und sich zierend, oder gleichmäßig, ohne dabei aufdringlich zu wirken? Letzteres. Unaufdringlich. Das Flugzeug, gegen

Ende der zwanziger Jahre gebaut, den Kinderschuhen der Fliegerei bereits entwachsen, aber noch unschuldig. Unschuldig vom großen Wettkampf der Nationen – dem Zweiten Weltkrieg, vom unheilbringenden „besser als die anderen sein wollen". Nur Fliegen um des Fliegens willen. Ganze Generationen von Fliegern haben damals auf solchen Holzflugzeugen das Fliegen erlernt. Dabei trotzten die Piloten in ihrem offenen und engen Cockpit Sonne, Wind und Wetter. Aber es war ja schließlich auch die Ursprünglichkeit dieser Art des Fliegens, die sie liebten und weswegen sie bereit waren, alle Strapazen auf sich zu nehmen. Irgendwann kamen dann der erste Alleinflug, der erste Streckenflug und manchmal auch der erste Bruch.

Aber von all dem sprach das kleine zur Bewegungslosigkeit verbannte Holzflugzeug, das hier oben still an der Decke hing, nicht mehr. Es schwieg, und mit ihm die vielen anderen Flugzeuge, die in allen möglichen und unmöglichen Positionen den Ausstellungssaal füllten. Seine Stimme war ihm verloren gegangen – ein stiller Zeuge aus der Vergangenheit. Es war im Museum zu einer hübschen, gleichsam leblosen Hülle geworden. Das Flugzeug verwandelte sich zu einem Exponat, das zwar nett verpackt, aber auf sonderbare Weise seiner Seele beraubt war. Verpackung ohne Inhalt, katalogisiert, inventarisiert. „Bitte nicht berühren", gucken ja, anfassen nein!

Nur fünf Meter davon entfernt eine steinerne Büste: Marga von Etzdorf (1907-1933). Verwegen sah sie mit ihrer Fliegerhaube aus, den Blick gegen den Himmel gerichtete. Auch sie verfiel dem Ruf der grenzenlosen Weite des

Wolkenmeers, der Sehnsucht nach Freiheit und fliegerischem Abenteuer. Ihr Grab, beziehungsweise das, was davon noch übrig blieb, befindet sich noch immer auf dem Berliner Invalidenfriedhof, in Gesellschaft vieler anderer bekannter Flieger ihrer Zeit, genau dort, wo sich einst der ehemalige Grenzstreifen zwischen dem alten Ost- und Westberlin befand. „Der Flug ist das Leben wert"; die Inschrift auf ihrem Grab gibt noch heute ihr Lebensmotto wieder. Berühmt wurde Marga von Etzdorf vor allem mit Aufsehen erregenden Fernflügen Anfang der dreißiger Jahre. Die führten sie bis nach Istanbul, zu den Kanarischen Inseln und sogar nach Japan. Das tat „die einsame Fliegerin", wie sie von der Presse gelegentlich bezeichnet wurde, mit ihrer gelb lackierten Junkers „Junior", einem zweisitzigen offenen Sportflugzeug aus Aluminium, dem sie den Namen „Kiek in die Welt" gab. Nach einer Bruchlandung in Aleppo (Syrien), die sie fast unverletzt überstand, setzte sie aus Verzweiflung ihrem jungen Leben selbst ein vorzeitiges Ende. Marga von Etzdorf wurde nicht älter als 25 Jahre.

Als 1916 bekannt wurde, dass Hugo Junkers (1859-1935), Flugzeuge vollständig aus Metall (genauer gesagt, aus Duraluminium) bauen wollte, belächelte ihn die Fachwelt. „Eisen kann nicht fliegen", warfen ihm spöttisch seine Zweifler vor. Heute wissen wir, wie Unrecht sie damit hatten. Allen Unkenrufen zum Trotz, belehrte Junkers seine Kritiker eines Besseren. Noch während sie behaupteten, dass nur aus Holz und Stoff gebaute Fluggeräte zu Fliegen in der Lage seien, baute er unbeirrt seine Flugzeuge – und sie hoben ab, und wie! Legendär wurde die Junkers „F13" aus dem Jahre

1919 (also genau vor 100 Jahren!), die als erstes serienmäßig gebautes Ganzmetallverkehrsflugzeug der Welt in die Geschichte einging. Ebenso die „Ju 52", die in den dreißiger und vierziger Jahren des vorigen Jahrhunderts als „Tante Ju" berühmt wurde. Dieses, genau wie die „F 13", aus Aluminiumwellblech gebaute dreimotorige Passagierflugzeug, hatte hervorragende Flugeigenschaften, war zuverlässig, universell einsetzbar und zudem äußerst robust. Was wollte man mehr? 1928 gelang es einem einmotorigen Junkers - Flugzeug vom Typ W33 (Name: „Bremen") erstmals den Atlantik von Ost nach West zu überqueren. Das galt vor allem deswegen als herausragende Pionierleistung, da man bei dieser Flugrichtung und dem über dem Atlantik vorherrschenden oft unberechenbaren Wetter, ständig gegen den Wind flog. Das trieb den Benzinverbrauch in die Höhe und zwang die Piloten, erheblich mehr Flugbenzin (und somit Gewicht) mitzuführen, als es für eine solche Strecke normalerweise erforderlich wäre, flöge man mit dem Wind. Erschwerend kam hinzu, dass zur Orientierung nur ein Kompass zur Verfügung stand und man die Abdrift vom Kurs nur schätzen konnte. Der Pilot damals war Hermann Köhl (1888-1938).

Aber zurück zum Museumsbesuch.

Und dann, unter all diesen Motorflugzeugen zieht ein kleines weißes, unauffälliges Segelflugzeug meine Aufmerksamkeit auf sich: eine Olympia-Meise aus dem Jahre 1938. Was für ein hübscher Name für ein Segelflugzeug - Meise.

Lautlos wie ein Vogel durch den Himmel zu gleiten - war

40

das nicht auch einst ein Traum von mir? Wo sind sie geblieben, die Unbeschwertheit, die Neugier, die Abenteuerlust von damals? Die Leichtigkeit, Dinge anzugehen, nur weil sie einfach Spaß machten und schön (und nicht unbedingt vernünftig oder erwachsen) waren?

Abends, als ich im Bett lag, kreisten diese Gedanken weiter. In mir erschienen Bilder, die Piloten in ihren Maschinen zeigten, von Doppeldeckern, die dem Sonnenuntergang entgegenflogen, von Gleitern, die immer höher und höher kreisten und von den vielen Flugzeugen, die ich an diesem Tag im Museum gesehen hatte. Wie aus einer fernen Welt, gleichsam eines Déjà-vu-Erlebnisses, hörte ich, wie der Fahrtwind über die Kanzel und Tragflächen strich, und dabei das Flugzeug, in dem ich träumte zu sitzen, durch die Lüfte trug. Ich fragte mich, warum ich es nicht noch einmal versuchen sollte? Versuchen, dieser fast vergessenen Faszination vom Segelfliegen nachzugehen, noch einmal zu spüren wie es war, im Cockpit zu sitzen, die Ruder zu betätigen und das Kribbeln im Bauch zu haben, wenn das Segelflugzeug im Aufwind immer höher und höher steigt? Oder war ich mit meinen inzwischen 61 Jahren zu alt für so etwas?

Über all diese Gedanken schlief ich ein, doch vorher nahm ich mir noch für den nächsten Tag fest vor, im Internet nach Möglichkeiten zum Segelfliegen zu suchen.

Und das kam dabei heraus:

9. Kapitel

Ein Schnuppertag

An der Segelflugschule in Oerlinghausen, also an dem Ort, an dem ich vor über 45 Jahren mit dem Fliegen anfing, wollte ich einen Schnuppertag mitmachen. Das hieß, einen ganzen Tag am Schulbetrieb teilnehmen und dabei ein paar Starts mit einem Fluglehrer machen.

Leider kam es zunächst anders als geplant. Der 15. September 2017, für den ich mich angemeldet hatte, sollte sprichwörtlich ins Wasser fallen. Ausgerechnet für diesen Tag wurde Regen erwartet – schade. Mir blieb nichts anderes übrig, als abzusagen. Aber aufgeschoben ist ja bekanntlich nicht aufgehoben – nur in diesem Jahr klappte es nicht mehr.

Nun aber!

2018 ergab sich für mich die nächste Gelegenheit und so erreichte ich am Abend des 6. Junis Oerlinghausen. Die Anreise mit dem Auto war lang und ermüdend. Viel zu viel Baustellen sowie der Feierabendverkehr, vor allem um Hannover herum, verhinderten ein zügiges Vorankommen. Aber nun war ich da, staubedingt nach über fünf Stunden Fahrzeit.

Schnell war klar, die Baracke von damals, die ich doch so romantisch verklärt in Erinnerung hatte, gab es nicht mehr. Anstelle dieses alten Bretterverschlages gab es nun zwei hübsche Pavillons, in denen sich die Zimmer befanden. So ändern sich die Zeiten, dachte ich bei mir und war froh, dass ich heute den Komfort eines modernen Einzelzimmers genießen konnte.

Pünktlich um 8:15 Uhr saß ich dann am nächsten Morgen im Briefing-Raum der Segelflugschule – zusammen mit einem Dutzend anderer Segelfliegerinnen und Segelfliegern. Mit ihnen also würde ich diesen Tag verbringen.

Solch einen genauen Wetterbericht hatte ich vorher noch nie gehört. Nach fünfzehn Minuten waren wir nicht nur über die Großwetterlage und deren Entwicklung für diesen und die nächsten Tage umfassend im Bilde, sondern wussten auch genau, wie sich heute Wind, Thermik, Temperaturen, Wolkenbildung usw. entwickeln würden. Demnach konnten wir einem herrlich warmen und sonnigen Tag entgegensehen und sogar auf ein paar Wolken und eine passable Thermik hoffen.

Nachdem die Flugschüler, so auch ich, in Mannschaften eingeteilt waren, hieß es endlich: Flugzeuge rausholen. Diese standen in einer Halle, nur wenige Minuten von der Segelflugschule entfernt. Wie ich es bereits von früher her kannte, waren die Flugzeuge hierin ineinander verschachtelt, dass ich kaum glauben konnte, sie jemals unbeschädigt wieder heraus zu bekommen. Aber das scheinbar Unmögliche gelang. Erstaunlicherweise nach nur knapp zwanzig Minuten, standen sie ordentlich hintereinander aufgereiht vor der Halle. Alles war genau wie damals, nur eins war anders: Es waren nicht mehr bespannte Tragflächen oder Rümpfe, die aus Stahlrohr bestanden und mit Stoff

43

umhüllt waren. Nein, das Material der heutigen Segelflugzeuge war Kunststoff (GFK). Das tat der Sache aber keinen Abbruch. Ihre schlanken und weich geformten Rümpfe wirkten fast so, als seien sie organisch. Ich stellte mir vor, dass man sich in ihnen beim Fliegen schon rein instinktiv geborgen fühlen würde – behütet und geschützt wie ein Kind im Schoße seiner Mutter. Ich war sehr gespannt, wie viel anders sich diese Kunststoffflugzeuge im Vergleich zu den mir bekannten Segelflugzeugen, die in Gemischtbauweise (Holz, Stahl, Stoff) hergestellt waren, fliegen ließen.

Nachdem wir die Flugzeuge aus der Halle geschoben hatten, zogen wir sie mit Caddys (das sind kleine motorgetriebene Wagen, eigentlich für den Golfsport) zum Startplatz.

Meinen ersten von insgesamt fünf Starts an diesem Tag, hatte ich um 11:02 Uhr. Eine kurze Einweisung, Fallschirm angeschnallt und rein ins Flugzeug. Um mehr brauchte ich mich nicht zu kümmern, denn für das Fliegen war ja der hinter mir sitzende Fluglehrer zuständig. Kaum dass die Haube geschlossen war, fing ein Blinklicht auf dem Dach der Seilwinde an aufzuleuchten. Ein Ruck und schon ging es los. Unser Flugzeug, ein Doppelsitzer vom Typ ASK 21, beschleunigte zügig. Es war ein berauschendes Gefühl, als sich das Schleppseil straffte, das Flugzeug beschleunigte und abhob. Rasch gewannen wir an Höhe und nach 400 Meter waren wir oben. Das Rauschen des Windes, der Blick auf die Landschaft, die Bewegungen unseres Flugzeuges – all das beeindruckte mich schon damals als Jugendlicher. Sofort waren sie wieder da, die Erinnerungen und Bilder, die ich vom Segelfliegen noch so gut im Gedächtnis hatte.

Bei allen meinen Flügen an diesem Tag durfte ich bereits einiges selbst machen, das gefiel mir sehr. Ich sollte die Geschwindigkeit und den Kurs halten. Ich brauchte zwar hierfür etwas Konzentration, doch klappte es nach einer kurzen Gewöhnung schon ganz gut. Mir gelangen sogar einige Kurven. Diese sauber zu fliegen, war aber eine andere Sache. Ich fand es unbeschreiblich, nach so vielen Jahren, wieder im Cockpit eines Segelflugzeugs zu sitzen, den Ruderdruck am Steuerknüppel und den Pedalen zu spüren und das Singen des Windes zu hören. Bei meinem letzten Flug an diesem Tag hatten wir Glück, denn zu vorangeschrittener Stunde trafen wir noch auf etwas Thermik. So gelang es uns, 49 Minuten in der Luft zu bleiben. Für mich war das ein toller Abschluss von einem Tag, den ich von Anfang bis Ende, sehr genoss.

Kaum dass ich wieder zuhause war, fingen meine Gedanken erneut an zu kreisen. Soll ich wirklich noch einmal mit dem Segelfliegen anfangen – jetzt mit 61? Sicher, der Schnuppertag war eine tolle Sache. Das Fliegen, die Kameradschaft, die Technik – ich war hellauf begeistert. Und ausreichend Zeit hätte ich ja auch - jetzt, wo ich doch gerade dabei war, mein Berufsleben mit einer 3-Tage-Woche allmählich ausklingen zu lassen. Aber komme ich auch wirklich mit dem Fliegen und vor allem mit dem Lernen zurecht? Der Fragenkatalog für die Segelflugprüfung ist schließlich sehr umfangreich. Und was ist mit meiner

Gesundheit? Schaffe ich es überhaupt noch, die durchaus berechtigten Hürden einer flugmedizinischen Untersuchung zu nehmen? Fragen über Fragen.

Doch es bohrte zu sehr, als dass ich der Versuchung widerstehen konnte. Ich dachte mir, lass doch den Fliegerarzt entscheiden, ob ich für dieses Projekt noch geeignet bin. Alles Weitere würde sich dann schon von selbst ergeben.

10. Kapitel

Fliegertauglichkeitsuntersuchung

Der Untersuchungstermin war für den 12. Juli 2018 anberaumt.

Pünktlich um 10:30 Uhr saß ich im Sprechzimmer der Fliegerärztin. Die Atmosphäre in der Praxis war entspannt, ich war der einzige „Patient". Zuerst gab es einen großen Fragebogen, genauer gesagt, den *Antrag für die Ausstellung eines Tauglichkeitszeugnisses.* Dieses Formular erschien mir wie das Flaggschiff der deutschen Bürokratie – na klar, wie sollte es auch anders sein? Unwillkürlich kam mir der Spruch in den Sinn: „Von der Wiege bis zur Bahre – Formulare!" Alles wurde hierin genauestens erfasst: Name, Anschrift, Geburtsdatum, Größe, Gewicht, Medikamente, zurückliegende Operationen, Vorerkrankungen, Brille, Familienvorgeschichte, Haarfarbe, wie viel Alkohol, rauchen sie und so weiter. Auch wurde ich danach gefragt, ob mir schon einmal die Ausstellung eines Tauglichkeitszeugnisses verweigert wurde. Das konnte ich guten Gewissens verneinen, schließlich handelte es sich bei mir um eine sogenannte Erstuntersuchung. Während des Gespräches mit der Ärztin wurde der Antrag dann Punkt für Punkt durchgegangen.

Danach kam die Praxis: Blutdruck, EKG, Reflexe, Urinprobe, Augen, Ohren, Abtasten der Organe. Ein besonderer Schwerpunkt war die Begutachtung des Sehvermögens. Sehstärke, mit und ohne Brille, räumliches

Sehen, Farbsehen und Gesichtsfeld wurden genauestens untersucht. Hilfreich war, dass ich ein aktuelles großes Blutbild vom letzten Gesundheitscheck beim Hausarzt und die erst vor einer Woche durch meine Augenärztin ermittelten Augenwerte (Sehfähigkeit, Augeninnendruck), vorlegen konnte.

Ich war zwar auf eine umfangreiche Untersuchung eingestellt, aber das hier war schon etwas mehr, als ein gewöhnlicher Gesundheitscheck.

Schließlich, nach etwas über eine Stunde, hielt ich stolz mein „Medical", wie das Flugtauglichkeitszeugnis im Fachjargon bezeichnet wird, in den Händen – nicht aber ohne vorher noch 120,- EURO bezahlt zu haben. Zwei Jahre ist es gültig, dann muss ich erneut zur Untersuchung.

Ich war froh und glücklich, diese erste Hürde genommen zu haben.

11. Kapitel

Die Ausbildung beginnt

Keine zehn Wochen nach meinem Schnuppertag, es war Dienstagabend, der 14. August, erreichte ich Oerlinghausen. Bis Samstag wollte ich bleiben und wieder dort anknüpfen, wo ich vor 48 Jahren mit dem Segelfliegen aufgehört hatte. Dass ich am Ende dieser dreieinhalb Tage auf dreißig Starts kommen würde, was Anbetracht der kurzen Zeit sehr viel ist, ahnte ich in diesem Moment noch nicht.

Das Wetter war hochsommerlich: 35°C und am Himmel war keine Wolke zu sehen. Schon längst hatte die Sonne den Rasen des Flugfeldes verbrannt. Ihm sah man die wochenlang anhaltende Trockenheit an.

Mein Fluglehrer für diese Tage war ein sympathischer, netter und vor allem geduldiger Mann. Das fand ich sehr angenehm. Zunächst ging es darum, mich an die Reaktionen der Ruderausschläge wieder zu gewöhnen. Das hieß, geradeaus zu fliegen und dabei möglichst Fahrt und Richtung zu halten. Die normale Geschwindigkeit der ASK 21 ist im Handbuch mit 80 km/h angegeben. Hierbei stellt sich ein in Bezug auf die Fluglage bestimmtes Horizontbild ein, das ich versuchte mit dem Höhenruder zu halten. So pendelten zunächst meine Augen zwischen dem Fahrtmesser und dem Horizont hin und her. Aber nach wenigen Flügen klappte das ausgezeichnet und forderte von da ab kaum weitere Aufmerksamkeit. Das Halten der Richtung war die nächste Aufgabe. Korrekturen wurden mit dem Seitenruder vorgenommen. Als Orientierung diente hierzu der etwa fünf Zentimeter lange Wollfaden, der außen auf die Haube geklebt war. Wehte er, anstatt geradeaus zu zeigen, zur Seite, erfolgte die Korrektur durch leichten Gegenseitenruderausschlag. Um richtige Kurven zu fliegen, mussten Seitenruder und Querruder gleichzeitig gegeben werden. Das hatte ich schnell wieder raus, denn alles hing auf eine natürliche Art und Weise miteinander zusammen – es ging gar nicht anders, als so.

Gleich vom ersten Tag an, fühlte ich die Starts und Landungen an den Rudern mit und schon am darauf folgenden Tag führte ich, zunächst auf Anweisung des Fluglehrers, die Starts im Wesentlichen selbstständig durch. Auch am dritten Tag hieß es immer wieder: Starten, Kreisen, Landen. Auch etwas Neues kam hinzu: Rollübungen, Langsam- und Schnellflug.

Bei Rollübungen mussten Quer- und Seitenruder gegeben werden, so, als ob man eine Kurve einleiten wollte. Aber noch bevor das Flugzeug in den Kurvenflug überging, gab man Quer- und Seitenruder in die entgegengesetzte Richtung. Nun rollte unsere ASK 21 wieder auf die andere Seite. Ziel dieser Übung war es, sich die Ruderabstimmung zu erfliegen, d.h., die Reaktion auf Ruderausschläge hin, besser kennen zu lernen. Mir half das sehr, mehr Gefühl für unser Flugzeug zu bekommen.

Die Langsam- und Schnellflugübungen sollten hingegen aufzeigen, wie das Flugzeug reagierte, wenn es an seine aerodynamischen Grenzen stieß, was sich nicht nur bei den Fahrtgeräuschen bemerkbar machte. Für den angehenden Pilot ist es enorm wichtig, zu wissen, was passiert, wenn er zu langsam fliegt. Was geschieht, kurz bevor die Strömung abreißt? Wie fühlt sich währenddessen der Ruderdruck an? Und im Schnellflug: Wann gerät das Flugzeug in einen kritischen Zustand, so dass es Schaden nimmt (und sich im Flug womöglich demontiert)? Wie stark dürfen dann nur noch meine Ruderausschläge sein, um eine Überbeanspruchung des Materials oder auch eine Überreaktion des Flugzeugs zu vermeiden? Und das Wichtigste: Wie komme ich aus dieser grenzwertigen Fluglage wieder in den Normalflug?

Das Kennen und Beherrschen solcher Übungen kann im Notfall überlebenswichtig sein – daher können sie einem angehenden Piloten nicht früh genug beigebracht werden.

Zwar gab mir mein Fluglehrer bis zum Ende des letzten Tages immer wieder den einen oder anderen Hinweis zur Korrektur der Fluglage oder Geschwindigkeit, doch führte ich am Schluss dieser ersten halben Woche die meisten Handgriffe selbsttätig durch. In die Ruder griff er am letzten Tag kaum noch. Das betraf sowohl die Handhabung des Flugzeugs selbst, als auch die Einteilung der Platzrunde. Hierbei waren von mir eigenständig der Start, der Flug mit seinem Übungsteil (Kurven, Kreise und Achten, Langsam- und Schnellflug, Rollübungen) und der Landeanflug einzuteilen. Sicherheit und Beherrschung des Flugzeugs stand hierbei an oberster Stelle. Zu jedem Zeitpunkt war die Beobachtung des Luftraums (vor allem beim Einkurven oder Einteilung des Landeanflugs) oberstes Gebot. Bei den Landungen selbst war es noch mein Fluglehrer, der überwiegend das Ruder in der Hand behielt, denn hierfür fehlte mir noch das richtige Gespür.

So beendete ich diese ersten Tage mit dem beruhigenden Gefühl, einen guten Schritt vorangekommen zu sein. Anfängliche Bedenken, ob ich das mit dem Segelfliegen überhaupt noch packen würde, verloren an Bedeutung. Schon auf der Rückfahrt freute ich mich auf die nächsten Ausbildungsschritte. Nie hätte ich gedacht, dass ich nach solch kurzer Zeit, schon knapp die Hälfte meines Ausbildungsnachweises für die A-Prüfung absolvieren würde.

12. Kapitel

Gedanken über das Fliegen

Der Erde zu entfliehen, zu beobachten, wie sich der Horizont über dem ganzen Land ausbreitet oder mitzuerleben, wie sich Wolkentürme vor einem aufbauen und den Übergang zwischen Traum und Wirklichkeit verschwimmen lassen – wer von uns hatte nicht schon einmal selbst davon geträumt, dieses zu erfahren?

Für Hanna Reitsch, die vielleicht begabteste Segelfliegerin aller Zeiten, waren ihre Alpenflüge der Höhepunkt ihres Fliegerlebens. Für sie gehörte ein Flug über die Alpen zum Schönsten, was Menschen erleben konnten. Noch Wochen nach ihrer ersten Alpenüberquerung im Jahre 1937, schlich sie sich abends in die Halle zu ihrem Flugzeug, einem „Sperber-Junior", und hielt mit ihm Zwiesprache „…weißt du noch?"

Wer von uns hatte nicht selbst schon einmal die Vorstellung, eigene Flügel zu haben und ohne Hilfsmittel in die Luft steigen zu können?

Solche Gedanken sind nicht ungewöhnlich, denn viele Menschen träumten schon einmal davon, fliegen zu können und sich jeglichen Zwängen und Einschränkungen zu entziehen. Menschen, die im Traum fliegen, wollen sich vom Boden lösen, warum auch immer. Die Wahrnehmung solcher Träume wird in den überwiegenden Fällen als schön erlebt.

Die meisten fasziniert es zu spüren, leicht und von der Erde losgelöst zu sein. Flugträume beglückten, sie reißen uns, wenn auch nur für eine begrenzte Zeit, heraus aus den Pflichten und Zwängen des Alltags und lassen alles Schwere zurück.

So sehr wir es uns auch wünschen, gänzlich ohne Hilfsmittel können wir leider nicht fliegen. Ein Segelflugzeug aber, mit seiner überschau-baren Technik, ist ein Gerät, das uns mit minimalistischem Aufwand das Fliegen ermöglicht. Es besteht aus Werkstoffen wie Kunststoff oder Holz, Stoff, Stahlrohr sowie ein paar Seilzügen und einigen wenigen Instrumenten – also aus vergleichsweise einfachen Materialien und Bauteilen. Und so, auf das Nötigste begrenzt, ermöglicht es uns, emporzusteigen. Mit anderen Worten, unser Segelflugzeug bringt uns dem Ideal, frei wie ein Vogel fliegen zu können, erstaunlich nahe und verleiht die Illusion eigener Flügel. Auf einmal können wir spüren, wie an den Tragflächen ein Auftrieb erzeugt wird, der uns hoch und höher hebt und sanft durch die Luft trägt.

Mich begeistert beim Segelfliegen die Stille des motorlosen Fluges, das Zusammenwirken von Mensch, Natur und Technik und vor allem das losgelöst sein von der Erde. Harmonieren die feststehenden und veränderlichen Eigenschaften unseres Flugzeugs (also Spannweite, Profilform, Gleitzahl einerseits, und Fluggeschwindigkeit, Gewicht anderseits) perfekt mit Wind und Wetter, können wir stundenlange in der Luft bleiben.

Bei jedem Start genieße ich das Gefühl, wie der Wind die

Tragflächen allmählich lupft und ich mehr und mehr empor getragen werde. Das war nicht nur bei meinen ersten Flügen so, sondern ist es auch jetzt noch.

13. Kapitel

Wind, Wind und nochmals Wind

– das Landen ist das Schwierigste

...hätte das Motto für die drei Tage im September heißen können.

Eigentlich wollte ich in der Zeit vom 19. bis 21. September nur das Landen üben, aber das Wetter machte mir es in dieser Hinsicht nicht gerade leicht, denn über alle drei Tage ging es recht stürmisch zu, zwischenzeitlich hatten wir in Böen sogar Windgeschwindigkeiten von bis zu 60 km/h. Erfahrene Flieger benutzen hierfür wohl den Fliegerausdruck „bockig". Ich aber, als Anfänger, fragte mich hingegen, wie man bei diesem „etwas bockigem Wetter" überhaupt noch starten und landen konnte, denn bisher war ich nur bei gutem, das hieß, sonnigem und windarmem Wetter geflogen. Aber wir flogen – und kaum das wir in der Luft waren, erlebten wir auch schon unser blaues Wunder. Sofort wurden wir vom Wind hin und her geschüttelt und mussten aufpassen, nicht zu weit vom Platz versetzt zu werden. Alles war auf einmal anders. Das Flugzeug tanzte im Wind und schien zum Spielball der Elemente zu werden. Unternahm ich jetzt nichts, machte es, was es wollte. Aber wie nur konnte ich meine ASK 21 dazu bringen, mir und nicht dem Wind zu gehorchen?

Hier die Antwort: Bei Start und Landung musste ich kräftig vorhalten, das hieß, mit Quer- und Seitenruder dem Abdrift entgegenwirken.

Bei der Platzrundeneinteilung war der Versatz durch den Wind derart heftig, dass ich aufpassen musste, nicht zu weit vom Platz weggetrieben zu werden.

Gegen den Wind kamen wir kaum voran - wer uns hierbei vom Boden aus beobachtete, musste wohl denken, dass wir in der Luft förmlich standen – was natürlich nicht stimmte. Aber gegenüber dem üblichen Flugbild mit einer Geschwindigkeit von 80 km/h, musste die Geschwindigkeit des Gegenwinds (teilweise 60 km/h) abgezogen werden. So kam es, dass wir über Grund kaum Fahrt machten (in Böen nur 20 km/h), was den Eindruck entstehen ließ, in der Luft wie „festgetackert" zu stehen.

Beim Landeanflug mit viel Gegenwind war besonderes Augenmerk auf eine höhere Geschwindigkeit zu legen. Anstatt mit den sonst üblichen 100 km/h erfolgte er nun mit 120 km/h.

„Nanu...", dachte ich, „was war denn das nun schon wieder?" Nur einen winzigen Augenblick zu spät am Steuerknüppel gezogen und die luvseitige (dem Wind zugewandte) Tragfläche zu wenig hängen gelassen und schon setzten wir mit einem spürbaren Rums leicht versetzt auf dem Rasen auf – nicht mit dem Spornrad zuerst, wie beabsichtigt, sondern mit dem Hauptrad. Mein Fluglehrer behielt die Ruhe, was mir gut tat, und erklärte mit Engelsgeduld, was ich hätte besser machen können. Eine kleine Trockenübung am Boden, bei der ich im Cockpit saß und mir die Horizontlinie des Flugzeuges bei heruntergedrücktem Heck einprägen sollte, zeigte schnell, was eben falsch war.

Der ruppige Wind trug dazu bei, dass sich das Flugzeug bei der Landung unruhiger als gewohnt verhielt und ich produzierte Fehler, die ich eigentlich zu vermeiden versuchte. Zwar war außer einem angeschlagenen Selbstbewusstsein nichts weiter passiert, aber insgeheim fühlte ich mich zu den ersten Flügen von vor einigen Wochen zurückversetzt, wo ich doch bereits dachte, mit meinen Flugfertigkeiten schon etwas weiter zu sein. Ich fragte mich, wie weit ich wohl noch von meinem ersten Alleinflug entfernt war?

Dieses war irgendwie symptomatisch für diese drei Tage im September. Glatte Landungen, das hieß, Landungen, die gezielt an der vorher von mir angepeilten Stelle des Landefelds erfolgten und dabei weder holprig noch versetzt waren, wollten mir einfach nicht gelingen. Es war deutlich, dass hier noch Übungsbedarf bestand. Ich gebe zu, dass das ruppige Wetter, der Versatz durch den Seitenwind beim Landeanflug (und das entsprechende Vorhalten müssen) und die erhöhte Geschwindigkeit, Punkte waren, die alle gleichzeitig zu koordinieren, mir bei den Landungen unter den zuvor geschilderten Umständen noch schwerfielen.

Im Nachhinein stelle ich fest, dass das Positive an diesem Wetter war, dass das Fliegen unter solchen Bedingungen einen herausragenden Lern- bzw. Erfahrungseffekt hatte. Wer weiß schon, wann ich wieder einmal eine solche Chance bekommen würde, bei derartigen Wetterkapriolen das

Verhalten meines Flugzeugs kennen zu lernen. Auf jeden Fall erfuhr ich, wie sich unser Schulungsdoppelsitzer, der für sein gutmütiges Flugverhalten bekannt war, in diesen außergewöhnlichen Situationen verhielt. Allein solche Erfahrung war es schon wert, sich den besonderen Herausforderungen dieses Wetters zu stellen.

Schön war, dass ich meinen Aufenthalt auch nutzen konnte, um die *theoretische A-Prüfung* abzulegen. Sie bestand aus 8 Seiten mit 16 Aufgaben. Die Fragen umfassten all dass, was mit dem Alltäglichen der Anfängerschulung zu tun hatte.

Die Themen waren: Bedeutung der Hinweisschilder im Flugzeug, Fallschirm / Notausstieg, Platzrunde, Wirkung der Ruder, Verhalten bei Seitenwind, Instrumente, Farbmarkierungen Fahrtmesser, Ausweichregeln, Maßnahmen bei Seilriss, Beenden des Trudelns.

Kurz vor meiner Heimfahrt erfuhr ich, dass ich die Prüfung bestanden hatte. Nun war wenigstens dieser Punkt der Segelflugausbildung in meinem *Ausbildungsnachweis* erledigt, oder besser gesagt: bestätigt. So brauchte ich mich ab jetzt nur noch auf den praktischen Teil des A-Scheins, der mit drei erfolgreichen Alleinflügen enden sollte, zu konzentrieren.

Fliegerisch endeten diese drei 3 Tage bereits am Freitagnachmittag, denn der Flugbetrieb wurde um 12:00

Uhr eingestellt. Die schon lange angekündigte Regenfront rückte näher und verhieß noch schlechteres Segelflugwetter, als wir ohnehin bereits hatten. Dennoch war ich über diese Tage froh, konnte ich doch wieder ganz neue Erfahrungen und die Erkenntnis mit nach Hause nehmen, mit meiner Segelfliegerausbildung wieder etwas vorangekommen zu sein.

Den unerwartet freien Nachmittag nutzte ich für einen Besuch eines Flugzeugmuseums in der Nähe von Hannover. Es war nur ein minimaler Umweg auf meiner Rückfahrt nach Berlin. Das Museum lieferte einen schönen Überblick von den Anfängen der Fliegerei bis heute, sowohl mit Originalflugzeugen, als auch mit Kunststoffmodellen, überwiegend im Maßstab 1:72. Besonders gefiel mir, dass hier auch der Segelfliegerei mehr Raum als in anderen Museen, gegeben wurde.

14. Kapitel

Den Vögeln abgeschaut

Schon Otto Lilienthal (1878-1896) erkannte bei seinen Forschungen, dass Störche die Tragkraft des Windes in vollkommener Weise nutzten. Ihm schien es so, dass sie gleichsam in der Luft selbst ruhten. Ihm folgten viele weitere Forscher, Naturliebhaber und Vogelbegeisterte, die ähnlich empfanden. Störche konnten sich mit nur geringem Aufwand vom Boden abstoßen und anschließend mit lediglich ein paar wenigen Flügelschwingungen emporsteigen – ein Bild, das den Beobachter immer wieder fasziniert. Kaum dass sie in der Luft waren und an Höhe gewonnen hatten, fanden sie mit ihrem Instinkt selbst den schwächsten Thermikstrom. Dann breiteten diese zierlichen aber großen Tiere ihre Schwingen aus und kreisten, oft in ruhiger Formation, immer höher und höher.

Ich finde, dass diese stolzen Tiere ihre Flügel zu Recht tragen.

Häufig erzählen Segelflieger davon, wie sie sich an diesen Vögeln orientiert hatten und so auf Thermik stießen, das war und ist keine Seltenheit. Oft blieben sie dann für eine Weile deren Begleitung. Und von Zeit zu Zeit blickten sich die Vögel und die Piloten dann schweigend in die Augen. Ob die Störche es anmaßend fanden, dass Menschen in ihr Reich eindrangen?

Es geht aber offenbar auch andersherum. Ein Pilot

beobachtete einmal, wie zwei Habichte zu ihm geflogen kamen, während er sich im engen Kurvenflug in einem Thermikschlauch emporarbeitete. Gemeinsam mit ihm erfreuten sie sich an dem Aufwind, der die Gruppe empor trug.

Für mich schließt sich bei derlei Berichten immer wieder der Kreis, der aufzeigt, in was für einer Wechselbeziehung wir uns als Segelflieger mit der Natur befinden. Und waren es nicht Menschen wie Otto Lilienthal, die sich gerade den Vogelflug als Vorbild für ihre Fluggeräte und Grundlagenforschung nahmen? Bis heute respektieren wir ihre Erfolge, welche die Fliegerei, so wie wir sie kennen, erst ermöglicht hatten. Wen könnte es da noch wundern, wenn Hersteller ihre Segelflugzeuge einst Kranich, Sperber, Rhönadler, Zugvogel oder Spatz nannten? Stolze und verheißungsvolle Namen, die in wundersamer Weise mehr ausdrücken, als tausend andere Worte es je könnten.

15. Kapitel

Die Ausbildung geht weiter

Es war schön, wieder hier zu sein, denn in der Zeit vom 17. bis 19. Oktober (Mittwoch bis Freitag), sollte die Ausbildung weitergehen.

Die friedliche Morgenstimmung, die Tautropfen auf dem Gras des Flugplatzes, der noch schlaff herunterhängende Windsack – aus allem atmete die Vorfreude auf den bevorstehenden Flugtag. „Die Ruhe vor dem Sturm" kam mir in den Sinn, denn im Moment lag der Zauber eines noch unschuldigen Tags über allem.

Aber das sollte sich bald ändern…

Unsere Gleiter warteten in der Halle darauf, herausgeholt und für den ersten Flug vorbereitet zu werden. Noch standen sie dort verschachtelt, ineinandergeschoben und auf ihren Einsatz wartend.

Sie haben wahrscheinlich schon einmal den Spruch gehört: „Fliegen heißt Landen". Und wie ich inzwischen wusste, ist da auch etwas Wahres dran. So wollte ich einen erneuten Anlauf nehmen, bei seichtem Wetter, und vor allem bei ruhigen Windverhältnissen, endlich schöne Landungen hinzubekommen. Um es gleich vorab zu sagen: Mir war es am Ende auch gelungen.

Glück gehabt, das Wetter war uns gnädig. Zwar kündigte sich im Wetterbericht, das hieß, beim morgendlichen Briefing, bereits eine heranziehende Schlechtwetterfront für das kommende Wochenende an, womit dann wohl auch das milde Wetter für dieses Jahr endgültig vorbei sein würde, doch konnten wir uns im Moment noch auf ruhiges und überwiegend sonniges Herbstwetter freuen. So waren, nachdem sich der Morgennebel aufgelöst hatte, herrliche Flüge möglich. Ein besonderer Höhepunkt war für mich der Blick über den herbstlich bunt gefärbten Teutoburger Wald, den die Segelflieger hier kurz als „Teuto" bezeichneten, dessen Senken und Schluchten noch vom Bodennebel ausgefüllt waren, aber bereits von der Sonne beschienen wurden. Das war wohl einer jener Momente, die man nicht so schnell vergisst. Es war wie im Traum, als aus dem zarten morgendlichen Dunst heraus, der wie eine diffuse flauschige Decke über der Landschaft lag, allmählich der Tag erwachte. Zunächst zart und leise, kaum mehr als eine Ahnung. Später malte die Sonne mit ihrem Licht die Landschaft aus, so wie es ein Kind tat, wenn es mit Buntstiften ein mit schwarzen Linien vorgezeichnetes Bild in seinem Malbuch ausmalte. Wenn hier oben Gott nicht ist, dachte ich schon oft bei mir, wo sollte er dann sein? Aber das konnte wohl nur derjenige nachvollziehen, der selbst einmal die Schönheit unserer Welt aus der Kanzel eines Segelflugzeuges heraus erlebt hatte. Hier oben, zwischen Himmel und Erde, zwischen Weite und Enge, war ein Ort, an dem alle irdischen Widersprüche scheinbar ihren Frieden fanden.

Zu verdanken hatten wir diesen wunderschönen

morgendlichen Anblick unserem Fluglehrer. Denn anders als sonst, wo ein Flugschüler drei oder vier Starts machte, bis er mit dem Nächsten tauschte, flog jeder zunächst nur einmal. So konnten alle, bevor sich der sanfte Dunst über der Landschaft wieder auflöste, diesen herrlichen Blick einmal genießen.

Am Donnerstagvormittag blieb uns nichts anderes übrig, als abzuwarten, bis sich annehmbares Flugwetter einstellte und sich der Frühnebel aufgelöst hatte. Ich nutzte die Zeit, um am Flugsimulator das zu üben, was sonst nur in einem echten Segelflugzeug möglich war, nämlich starten und landen. Der Flugsimulator bestand aus einem fast identischen Segelflugzeugcockpit, einer Hydraulik, die das gesamte Cockpit entsprechend der Fluglage schwenken konnte und drei Monitoren, die die Landschaft abbildeten. Per Computerprogramm konnte man sogar den Flugplatz Oerlinghausen einschließlich Umgebung und topografischen Eigenheiten auswählen, sowie Windstärke, Windrichtung, Thermik usw. vorgeben. Das Gefühl von Geschwindigkeit und Beschleunigung konnte der Simulator allerdings nicht vermitteln. Somit war es dann doch nicht ganz so einfach, sich in dieser digitalisierten Kunstwelt zu bewegen, und ich war froh, als wir gegen 11:00 Uhr endlich aufbauen und wieder dazu übergehen konnten, analog, also tatsächlich fliegen zu können.

Mein fliegerisches Erfolgserlebnis am Ende dieser Tage war, dass mir nun doch allmählich bessere Landungen gelangen. Das hieß, dass ich nach dem Landeanflug einen schönen Ausleitbogen fliegen und vor allem nach dem Ausschweben, das Flugzeug sanft abfangen und mit dem Spornrad zuerst, weich aufsetzen konnte. Lange habe ich gebraucht, um so weit zu kommen – nun heißt es aber, weiter üben.

Und auf etwas anders hatte mein Fluglehrer großen Wert gelegt: den Start- und Landecheck.

Bisher hatte ich mich beim Startcheck auf das kleine Schildchen im Cockpit beschränkt, das ich nach dem Einstieg Punkt für Punkt abgearbeitet hatte. Er hingegen hielt mich an, mit dem Check bereits vor dem Einstieg zu beginnen, und zwar mit den Punkten, die den Außenbereich betrafen bzw. nur vor dem Einsteigen überprüft werden konnten. Dazu gehörte, ob der Spornkuller (abnehmbares, um 360° drehbares Rad am Heck des Segelflugzeugs als Transport- und Rangierhilfe) abgenommen und der Fallschirm korrekt angelegt war. Weiterhin hatte ich zu prüfen, ob die Sollbruchstelle am Schleppseil, die Sitzschale und ggf. die Trimmgewichte stimmten. Ihm war wichtig, dass ich diese Punkte nicht nur akribisch abarbeitete, sondern auch auswendig konnte.

Auch der Landecheck war bisher immer etwas zu kurz gekommen. Nun aber wurde ich dazu angehalten, stets vor Erreichen der Position, also noch vor Beginn des eigentlichen Landeanflugs, mir ein Bild über die Belegung des Luftraums im Einflugbereich, Windstärke und Windrichtung sowie die Belegung der Landebahn zu verschaffen. Außerdem war zu überprüfen, ob im Flugzeug alles klar ist (fest angeschnallt, keine losen Gegenstände im

Cockpit) und das Fahrwerk ausgefahren war (obwohl unsere Schulungsdoppelsitzer ein festes Fahrwerk hatten). Wie beim Startcheck, wurde von mir erwartet, dass ich die Punkte auswendig wiedergeben konnte.

Das alles werde ich wohl nicht mehr vergessen, denn schnell war bei den Checks zu erkennen, dass sie einen wichtigen Beitrag zur Sicherheit beim Fliegen lieferten. Das betraf mich genauso, wie meinem Mitflieger im Flugzeug, aber auch die anderen Piloten, die sich mit mir zusammen den Luftraum teilten. Denn beim Fliegen stand und steht an oberster Stelle die Devise: „Sicherheit geht vor".

Jetzt blieb mir nur noch zu hoffen, dass ich über die Wintermonate nicht allzu viel von dem verlernen würde, was ich mir fliegerisch in diesem Jahr angeeignet hatte, denn die diesjährige Segelflugsaison war nun zu Ende.

Mich hatte das Segelfliegen sehr berührt, und ich war glücklich, mich für die Schulung entschieden zu haben. Nun wünschte ich mir, kommendes Jahr an der Stelle weiter machen zu können, wo ich jetzt aufgehört hatte.

Zurück ließ ich den herbstlichen Teutoburger Wald, den ich gestern noch aus der Vogelperspektive betrachtet hatte.

Zuhause angekommen, verschwand meine Fliegerjacke, zusammen mit all den anderen Utensilien fürs Segelfliegen, in meinem Schrank. Damit war der ambitionierte Segelflieger in der Winterpause und würde erst im nächsten

Frühjahr wieder aktiviert werden. Doch es war ein tröstlicher Gedanke, dass ich meine Sachen in der Nähe hatte und jederzeit nehmen konnte, um von den zurückliegenden oder bevorstehenden Flugabenteuern zu träumen.

16. Kapitel

Der Winter, etwas Geschichte und

eine kleine Portion Wehmut

Mit meiner Heimfahrt am 19. Oktober endeten nicht nur drei herrliche Segelflugtage, sondern auch die Flugsaison 2018 – jedenfalls für mich. Der in Aussicht gestellte Wetterwechsel kündigte nasskalte Tage an, und das schien erst der Anfang der beginnenden Schlechtwetterperiode zu sein. Von nun an hieß es, sich warm anzuziehen und sich seelisch auf den bevorstehenden Winter einzustellen.

Jetzt blieb nur noch die Option, sehnsuchtsvoll jedem Flugzeug hinterher zu sehen, das den Himmel querte, sich vielleicht das eine oder andere Fliegerbuch zu Gemüte zu ziehen und abzuwarten, bis es wieder Frühling werden würde.

Aber es blieb nicht dabei, nur in Erinnerungen zu schwelgen.

Im Dezember konnte mir der Besuch eines Segelflugmuseums die flugfreie Zeit des Winters etwas verkürzen. Hier an der Wasserkuppe in der Rhön gab es eine Menge zu sehen. Schließlich schrieb dieser Ort Segelfluggeschichte, und bis heute wird hier aktiv geflogen. Auf dem als „Berg der Flieger" bezeichneten 950 Meter hohen Hügel, fanden bereits vor dem Ersten Weltkrieg erste Flugversuche mit Gleitern statt, einige bezeichneten ihn sogar als den Geburtsort der Segelfliegerei. Später, 1919, wurde infolge des Versailler Vertrages in Deutschland der Bau und Betrieb von Flugzeugen verboten. So glaubte man jedenfalls. Tatsächlich war aber im Vertrag nur von der Motorfliegerei die Rede, den Segelflug hatte man außer Acht gelassen, beziehungsweise vergessen. So erwuchs das Fliegen im Deutschland der frühen zwanziger Jahre in Form des Segelflugs sprichwörtlich wie ein Phönix aus der Asche. Die Wasserkuppe nahm hierbei eine besondere Rolle ein und zog plötzlich tausende flugbegeisterte Besucher an. Die Deutschen wurden auf einmal ein Volk der Segelflieger. Sie kamen zu ihrem „Berg der Flieger" und erfreuten sich am Anblick der Segelflugzeuge und bewunderten ihre Flüge.

In dieser Zeit wurde das Segelfliegen regelrecht zu einem Volkssport. Segelflugschulen sprossen wie Pilze aus dem Boden und die unterschiedlichsten Gleiter, darunter recht verwegene Konstruktionen, bis hin zu nur aus Flügeln bestehende Fluggeräte (Nurflügler), erblickten hier das Licht der Welt. Und ihre Segelflugzeuge hatten klangvolle Namen: „Weihe", „Bergfalke", „Grunau Baby", „Rhönsperber" oder „Minimoa", um nur einige zu nennen.

Unzertrennlich mit dieser Zeit ist auch der Name Oskar Ursinus (1878-1952) verbunden. Der als „Rhönvater Ursinus" bekannte Ingenieur, Luftfahrtpionier und Förderer des Luftsports, rief unter anderem (erstmalig im Jahre 1920) die beleibten Rhönwettbewerbe, bei denen Vergleichsfliegen im Segelflug veranstaltet wurden, ins Leben.

Noch heute zeugt auf der Wasserkuppe ein Fliegerdenkmal aus dem Jahre 1923 von der Begeisterung zu dieser Zeit. Alles, vom ersten primitiven Flugapparat aus Holz und Stoff bis zum modernen GFK-Hochleistungssegelflugzeug, von der zivilen Freizeitfliegerei bis zur ausschließlich militärischen Nutzung durch die NS Fliegerkorps während der Nazi-Diktatur, vom Flugverbot nach dem Zweiten Weltkrieg bis zum Neuanfang der Sportfliegerei in der Bundesrepublik Deutschland, hatte dieser Ort bereits gesehen.

Und natürlich wurden hier in der Vergangenheit, wie nicht anders zu erwarten war, auch Segelflugrekorde erflogen. Zum Beispiel durch Hanna Reitsch, die im Juli 1937 von der Wasserkuppe nach Hamburg flog und damals mit den hiermit geflogenen 351 km einen neuen Streckenflugrekord aufstellte oder Edgar Dittmar (1908-1994), der im August 1928 einen Höhenrekord von 775 m erzielte. Im Februar 1929 gelang es Marga von Etzdorf, eine Stunde und zwanzig Minuten mit ihrem „Grunau Baby" in der Luft zu bleiben. Flüge von einer Stunde und mehr, sind heute zwar selbstverständlich und bei halbwegs gutem Segelflugwetter an der Tagesordnung, damals aber, Anfang 1929, waren eine Stunde und zwanzig Minuten noch ein anerkannter Dauerflugrekord.

Im Vergleich dazu die heutigen Segelflugrekorde:

Strecke: 3009 km

Höhe: 23.200 m (das ist bereits die Stratosphäre!)

Dauerflug: 28 Stunden und sechs Minuten

In den dreißiger Jahren war die Flugbegeisterung nicht mehr zu bremsen und schwappte endgültig auf das ganze Land über. Zum Beispiel hatte man ab 1936 an den

Wochenenden eigens für die Berliner eine Buslinie zwischen dem Leipziger Platz im Zentrum der Stadt und dem anlässlich der Olympiade gebauten Reichssportflughafen in Rangsdorf eingerichtet, wo man unter anderem die bereits damals beliebten Schauflüge veranstaltete. Hier im Aero-Club traf sich die gesamte fliegerische Prominenz seiner Zeit. Zu ihnen gehörten Heinz Rühmann, die Kunstfliegerin Liesel Bach (1905-1992) oder der leidenschaftliche Pilot Ernst Udet (1896-1941), der wie kein anderer seine Flugzeuge beherrschte und mit ihnen nach allen Regeln der Kunst in der Luft spielte. Er wurde durch seine atemberaubenden und halsbrecherischen Flugdemonstrationen weltberühmt. Unvergesslich war eine Kunstflugvorführung, in der er mit der Spitze seines Tragflügels ein am Boden liegendes Taschentuch aufgelesen hatte oder ein Sturzflug aus tausend Meter Höhe mit stehendem Motor. Liesel Bach war bereits im Jahre 1930, nicht einmal ein halbes Jahr nach dem Erwerb ihres Flugscheins (!), deutsche Kunstflugmeisterin. Sie überrasche die begeisterten Zuschauer mit waghalsigen Kunstflugfiguren, eine im Rückenflug geflogene Acht war ihre Spezialität. Diese flog sie überwiegend mit Klemm-Flugzeugen, aber auch mit Flugzeugen der Bücker-Werke, die ihre Fertigungsstätte direkt am Flugplatz Rangsdorf, also am damaligen Reichssportflughafen, hatten.

Nach dem Krieg übernahm die Sowjetarmee den ehemaligen Reichssportflughafen samt der teilweise zerstörten Gebäude der inzwischen stillgelegten Bücker-Werke, für die nächsten vierzig Jahre. Zwar hoben jetzt wieder Flugzeuge in Rangsdorf ab, nun aber unter Ausschluss der Öffentlichkeit. Am Schluss flogen sie dort nur noch mit Hubschraubern.

Als dann in der Nachwendezeit die Sowjetarmee abzog und das Gelände aufgab, verfielen die Gebäude und das Areal zusehends und Vergangenes geriet in die Vergessenheit. Was der Krieg und die militärische Nutzung während der Zeit des „Eisernen Vorhangs" nicht geschafft hatten, erledigte nun der Vandalismus. Alles was nicht niet- und nagelfest war, wurde gestohlen, und was nicht mitgenommen werden konnte, blindlings zerstört. Ab jetzt beherrschen Schmierereien, eingeschlagene Scheiben, kaputte Dächer, Scherben und wilde Mülldeponien die Szenerie. Schade, denn damit wurde ein luftfahrthistorisches, kulturelles und technisches Denkmal sinnlos und unwiederbringlich zerstört. Dafür können sich jetzt der ehemalige Reichssportflughafen, aber auch die Anwohner Rangsdorfs, auf Investoren einstellen, die sich des Areals annehmen werden. Von der ehemaligen Nutzung als Flugplatz und Fertigungsstätte der weltberühmten Bücker-Flugzeuge, wird dann wohl nur noch der Hauch einer Ahnung, und ein sehnsuchtsvoller Rückblick auf schon lange vergangene Zeiten mit Kunstflugvorführungen, Luftschauen und Fliegerwettbewerben zurückbleiben.

Der „Berg der Flieger", der auch heute noch, zusammen mit Flugplatz Oerlinghausen, eines der wichtigsten Segelflugzentren Deutschlands darstellt, hat nichts von seiner damaligen Anziehungskraft verloren. Er ist nach wie vor ein attraktives Ausflugsziel, nicht nur für flugbegeisterte Menschen wie mich, sondern auch für den Flugzeugmodellbauer und ganz allgemein für jeden, der sich an Kultur, Natur und einer schönen Landschaft erfreut.

Ich kann sie nur einladen, sich von der Mystik dieses Ortes selbst einmal verzaubern zu lassen und beim nächsten Besuch der Rhön, dort vorbeizuschauen.

Der Winter bot mit seinen langen und dunklen Abenden, viel Gelegenheit in Erinnerungen zu schwelgen. Da gab es jede Menge Fotos vom Fliegen, Eintragungen im Flugbuch (immerhin machte ich in der Zeit vom 14. August bis zum 19. Oktober der zurückliegenden Flugsaison 71 Starts), meinen Ausbildungsnachweis, der ja immerhin bezüglich der A-Prüfung bereits zu 80% erfüllt war, und unzählige nette Begegnungen und Gespräche mit anderen Fliegerinnen und Fliegern.

Im Rückblick hatte jeder Flug, und war er auch nur eine vierminütige Platzrunde, etwas Besonderes. Auch ein solcher Flug war ein Genuss, allein schon wegen seines schönen Ausblicks auf die Landschaft – nicht einen von ihnen wollte ich missen.

So wurde der Winter für mich auch der Zeitpunkt, mit dem vorliegenden Büchlein zu beginnen. Erste Ideen wurden gesammelt und Notizen zu Papier gebracht.

17. Kapitel

Frühjahr 2019

Endlich war der für mein Geschmack viel zu lange Winter vorüber und das sehnsüchtige Warten darauf, mich wieder ins Segelflugzeug setzen zu können, neigte sich dem Ende zu. Mit anderen Worten, es war die Zeit gekommen, meine Fliegersachen wieder aus ihrem Winterschlaf zu befreien. Und kaum hielt ich sie in den Händen, fing mein Fliegerherz auch schon an, schneller zu schlagen. Fast war es so, als ob mich meine Fliegerjacke fragen wollte, ob ich mich noch an all die Flüge im letzten Jahr erinnern konnte, die ich mit ihr unternommen hatte („…natürlich", würde ich zur Antwort geben, „wie könnte ich denn nur").

Die kalte, dunkle Jahreszeit, die einen so leicht zum Stubenhocker machen konnte, lag nun hinter mir und nach den ersten vereinzelten warmen und sonnigen Tagen (zumindest in Berlin, wo ich lebe), schien es sicher, dass einem erfolgreichen Saisonstart nichts mehr im Wege stand. Aber es sollte anders kommen.

Wir hatten inzwischen März und leider war weder von schönem Wetter noch von dem zumindest kalendarisch begonnenen Frühling irgendeine Spur zu sehen. Darüber hinweg halfen auch nicht die hübschen gelben und violetten Krokusse in den Vorgärten und Parks oder die vielen Vögel, die bereits lange vor Sonnenaufgang mit ihrem Konzert begannen, so dass es eine einzige Freude war, ihnen zuzuhören. Schon den ganzen Monat über war es, von wenigen Ausnahmen abgesehen, ungemütlich kühl und verregnet. Und so kam es, dass je näher die letzte Märzwoche rückte, für die ich mich zum Segelfliegen angemeldet hatte, die Wetterprognose deprimierender wurde. Dennoch machte ich mich auf den Weg.

Sonntag, der 25.03.2019: Anreisetag Oerlinghausen. Würden die Wetterfrösche Recht behalten, bekämen wir in den nächsten Tagen Regen, Graupel, Böen und Temperaturen im einstelligen Bereich, also Novemberwetter vom Feinsten. Nicht gerade gute Aussichten fürs Segelfliegen. Zumindest heute, bei meiner Ankunft gegen 16:30 Uhr, hatten wir noch wolkenlosen Himmel und herrlichen Sonnenschein. Aber dass es morgen so bleiben würde, schien Anbetracht der üblen Wettervorhersage fraglich. Wahrscheinlicher war, dass wir anstatt Flugwetter, das hieß gute Bedingungen, eher das Gegenteil, also Fliegerwetter zu erwarten hatten.

Und eine weitere Frage beschäftigte mich. Wie viel hatte ich wohl in den letzten fünf Monaten, in denen ich nicht geflogen war, verlernt? Würde ich einfach da weitermachen können wo ich voriges Jahr aufgehört hatte, oder brauchte ich zunächst einige Starts, um mich wieder zurechtzufinden unter all den Hebeln, Pedalen und Instrumenten? Aber der Reihe nach.

Fliegen konnten wir am Montag nicht – ich hatte es schon

fast vermutet. Tatsächlich aber waren es nicht Regen oder Wolken, die uns davon abhielten, sondern der Wind, der mit Geschwindigkeiten in Spitzen von bis zu 56 km/h blies, und zwar genau rechtwinklig zur Start- und Landerichtung. Fliegen wäre unter diesen Bedingungen zu gefährlich. Alternativ gab es dafür eine Theoriestunde am Vormittag und nachmittags zwei Stunden an dem mir inzwischen bekannten Flugsimulator. Hierin unternahm ich acht „Flüge". So wurde ich zum Saisonstart wenigstens auf diese Art ans Segelfliegen geführt und konnte mich auf die hoffentlich noch bevorstehenden tatsächlichen Flüge in den kommenden Tagen bereits etwas einstimmen.

Dennoch, schon am nächsten Tag saß ich im „richtigen" Flugzeug und allen selbst eingeredeten Unkenrufen zum Trotz, klappte sogar der erste Flug ganz gut. Ich jedenfalls war damit recht zufrieden, und ich glaube, mein Fluglehrer auch. Nun hieß es, endlich die Kurve zu kriegen und meinen ersten Alleinflug für dieses Jahr in den Blick zu nehmen.

Zunächst absolvierte ich einige Gewöhnungsflüge: Starten, Landen, Platzrunden, Start- und Landechecks, Routine eben – allerdings immer noch mit kräftigem Seitenwind bei Start und Landung. Dennoch bereiteten mir diese Flüge viel Freude. Die Standards beherrschte ich inzwischen ganz gut und so konnte ich mir die Flüge einteilen, wie ich wollte. Mein Fluglehrer ließ mich machen und gab nur noch selten Korrekturhinweise. Endlich gelang es mir, die Landschaft, den ungehinderten Blick über den Horizont und das faszinierende Gefühl des Fliegens vollends zu genießen, ohne dass das Steuern des Flugzeuges übermäßig

Aufmerksamkeit einforderte, wie es am Anfang naturgemäß der Fall gewesen war. Manchmal glaubte ich schon, ganz allein im Flugzeug zu sitzen. Dennoch war ich froh, meine Überlegungen zur Flugeinteilung und was ich als Nächstes vorhatte, dem hinter mir sitzenden Fluglehrer noch mitteilen zu können. Das war für mich, aber auch für ihn eine gute Reflexion dafür, dass ich an alles gedacht und auch die nächsten Schritte bei meinem Flug bedacht hatte. Schließlich diente die richtige Taktik bei der Platzrundeneinteilung auch der Sicherheit, die, wie so oft im Leben, beim Fliegen an oberster Stelle stand. Egal, ob es die Luftraumbeobachtung, insbesondere vor dem Einleiten einer Kurve, das Erreichen des Positionspunktes mit der richtigen Höhe (200 Meter) oder die korrekte Geschwindigkeit beim Landeanflug war, alles hatte seine Bewandtnis und musste aus dem „Effeff" beherrscht werden.

„Na nu, was war denn das?", dachte ich mir, meine Starts hatten doch bisher immer super geklappt. Diesmal aber war es nicht so, und das ausgerechnet nach den herrlichen Eingewöhnungsflügen, die gerade hinter mir lagen. Bei etwa 100 Meter Höhe ging ein Ruck durchs Flugzeug und die Aufwärtsbewegung fand ein abruptes Ende. Na klar – Seilrissübung!

Seilrisse stehen zwar heute zum Glück nicht mehr auf der Tagesordnung wie vor 45 Jahren (mit den damaligen Stahlseilen gab es ca. 1-2 Seilrisse / Tag – heute sind die Schleppseile aus Kunststoff - Vorteil von Kunststoffseilen: geringeres Gewicht und höhere Bruchlast), doch muss man auch heute bei jedem Start auf einen Seilriss gefasst sein. Und da solch ein Seilriss eine Notsituation darstellt, muss ein angehender Flugzeugführer lernen, damit angemessen umzugehen. In jedem Fall hat er unverzüglich und situationsbezogen Maßnahmen zu ergreifen, wieder sicher zu landen. Das Schwierige an der Sache ist, dass man nie weiß, wann und in welcher Höhe es einem „treffen" kann. Reicht es noch, geradeaus zu landen, darf ich noch in einer sogenannten Umkehrkurve entgegengesetzt zur Startrichtung landen oder habe ich schon genug Höhe, um noch eine (eventuell verkürzte) Platzrunde zu fliegen. Auf jeden Fall, muss binnen weniger Sekunden eine Entscheidung getroffen werden. Und nicht nur das, vielmehr muss der Pilot in der Lage sein, seinen Entschluss praktisch in die Tat umzusetzen. Um ein Flugzeug sicher fliegen zu können, muss das alles bis zur Beherrschung eingeübt werden.

Ich wusste in etwa, was mich bei einer Seilrissübung erwartet. Als Erstes musste unverzüglich nachgedrückt werden, bis die Normalfluglage und Sollgeschwindigkeit wieder erreicht waren, denn während des Windenstarts befand es sich in einem überzogenen Flugzustand. Dass ein Segelflugzeug dabei dennoch kontrolliert fliegt und an Höhe gewinnt, liegt daran, das von außen, in dem Fall vom Motor der Seilwinde, Energie zugeführt wird.

Anschließend dreimal den gelben Knauf für die Öffnung der Schleppkupplung betätigen, um den vielleicht noch mitgeführten Seilrest abzuwerfen.

Nun hieß es, sich zu entscheiden. Spätestens hier machte es sich bezahlt, dass zu einem ordnungsgemäßen Startcheck gehörte, sich bereits vor dem Start Strategien für den Fall eines Seilrisses zurechtzulegen, also unter Berücksichtigung der Wind- und Platzverhältnisse zu überlegen, was bei einem Seilriss in einer Höhe von 50, 100 oder 200 Meter zu tun ist. Für meine zuvor beschriebene Seilrissübung in einer Höhe von 100 Meter bei wenig Wind, hieß das, eine Umkehrkurve zu fliegen und dann entgegengesetzt zur Startrichtung zu landen. Das ging so weit auch ganz gut, zumal in diesem Moment das Landefeld frei von anderen Flugzeugen war. Mir war aber auch bewusst, dass das nicht in jedem Fall so zu sein brauchte und schon das nächste Mal andere, gerade gelandete Flugzeuge den freien Platz einschränken konnten.

Diesem Seilriss, oder besser gesagt, dieser Seilrissübung sollten in den nächsten Tagen noch etliche andere folgen. Am Ende fühlte ich mich schon fast wie ein kleiner „Seilrissprofi".

Nach Hause fuhr ich nach dieser Woche mit dem angenehmen Gefühl, wieder etwas weiter gekommen zu sein und dass das mit dem ersten Alleinflug keine unlösbare Aufgabe war.

18. Kapitel

Meine Grenzen kennen

In den Wochen, die ich bisher auf dem Flugplatz zubrachte, lernte ich viele Segelflieger kennen, Menschen wie du und ich – eigentlich. Wäre da nicht dieser ständige Blick nach oben. Gab es da nicht vielleicht doch noch eine winzige Wolke zu entdecken, eine Wolke, die auf Thermik hinwies? Und kreisten irgendwo nicht vielleicht schon andere Fliegerkameraden, die sich in einem Aufwind hochkurbelten? Mit geübtem Blick wurde vor jedem Start der Himmel abgesucht. Dennoch klappte es nicht immer mit dem erwünschten „Oben bleiben" und allzu oft hieß es leider, dass man abgesoffen war. Mit anderen Worten, die Höhe nach dem Start war schnell wieder abgeflogen, und man musste gezwungener Maßen schon nach wenigen Minuten wieder landen, denn nicht immer schaffte es ein Segelflugzeugpilot nach einem Seilschleppstart auch da hinzukommen, wo er Thermik vermutete.

Dieses Gefühl, aber auch die ständige Jagd nach Aufwinden, einen wohl alle Segelflieger der Welt. Viele machen sich sogar auf, um in Frankreich, in den Wüsten Amerikas oder in Australien optimale Wetterbedingungen zu finden. Etliche schwärmten vom Wellenflug. Gelang es einem, hier hinein zu geraten, konnten mit einem Segelflugzeug sogar Höhen von 7000 Metern oder mehr erreicht werden. So etwas habe ich am Teutoburger Wald zwar nicht erlebt, aber es gab auch hier etliche Segelflieger, denen mehrstündige Flüge in großen Höhen gelungen waren. Nach ihrer Landung erzählten sie glücklich und mit leuchtenden Augen, wo sie Thermik fanden, was ihre größte Höhe war und was sie sonst noch bei ihrem Flug erlebt hatten. So einfach konnte der Stoff zum Träumen sein!

Als ich in den siebziger Jahren mit dem Segelfliegen begann, war zwar die große Zeit der Holzflugzeuge schon vorüber, trotzdem erinnere ich mich daran, dass Motorflieger gern eine Gruppe kreisender Segelflugzeuge etwas geringschätzend als Sperrholzwolke bezeichneten. Für mich sah es herrlich aus, wie sich Segelflugzeuge im Pulk in einem Aufwind empor schraubten. Auch heute lohnte es sich, nach kreisenden Segelflugzeugen Ausschau zu halten, denn auch sie waren sichere Anzeichen dafür, dass sich dort Thermik befand.

Egal nach was für einer Art von Wolken wir uns auch richten, es war von je her der Traum eines jeden Segelflugzeugpiloten, möglichst lange oben zu bleiben. Flüge von fünf oder mehr Stunden sind heute durchaus realistisch – und natürlich der Wunsch eines jeden Segelfliegers.

Lassen sie mich an dieser Stelle noch ein paar Gedanken über Wolken einfügen.

Sie schweben dahin, wie ein nicht enden wollender Film. Während sie sich an der einen Stelle sammeln und auftürmen, reißen sie woanders auf und geben den Blick in die Tiefe des blauen Himmels frei. Ihr ständiger Wandel gleicht einem Gemälde, das vom Maler immer wieder umgestaltet wird. Hier eine überdimensionale Kumuluswolke, einem Blumenkohl gleichend, leuchtend, als wäre sie selbst eine Lichtquelle und dort eine aufgerissene zerfranste Wolke, die eben noch grellweiß das Sonnenlicht reflektiert hatte und sich nun im Auflösen befindet. Schäfchenwolken lieben wir, weil sie uns an schöne Sommertage erinnern. Manchmal sieht man auch ganz weit oben eine sogenannte Schönwetterwolke – auch Cirrus genannt. Solche Wolken sind oft Anzeichen einer heranziehenden Warmfront.

Viele Menschen, ich gehöre auch dazu, können stundenlang Wolkenbildern hinterherschauen und darüber ins Träumen geraten. Spüren sie vielleicht einen Hauch von Unendlichkeit?

Aber zurück zum Thema.

Wie ich an anderen Stellen bereits ausgeführt habe, sind uns Menschen naturgegebene Grenzen gesetzt. Fliegen, wie es Vögel können, ist uns „per se" leider nicht vergönnt. Erst recht nicht von mehreren Stunden, wie wir es eben gehört haben. So bedienen wir uns eines Hilfsmittels, unserem Segelflugzeug. Das zu beherrschen muss aber erlernt werden. Mit den Flugkontrollinstrumenten, dem Ruderdruck unseres Steuerknüppels und Seitensteuerpedale, aber vor allem mit unserem Gespür, müssen wir so umzugehen lernen, dass das Segelflugzeug genau das tut, was *wir* wollen. Erst wenn wir in der Lage sind, jede Situation in der Luft folgerichtig einzuschätzen und richtig darauf zu reagieren, wird man uns zutrauen, allein, also ohne Fluglehrer, fliegen zu können. So ist die Ausbildung zum Segelflieger auch weit mehr, als das bloße Erlernen der manuellen Bedienung unseres Fluggerätes oder die Ausschläge des Höhenmessers oder Variometers korrekt zu deuten. Vielmehr ist es wichtig, mit dem richtigen Gefühl zu fliegen. Es ist unter Umständen überlebenswichtig zu wissen, wo meine eigenen Grenzen liegen, vor allem, um Fehleinschätzungen und die eventuell daraus folgenden Bedienfehler zu vermeiden. In jeder Flieger- und somit auch Segelfliegerausbildung steht daher die Sicherheit an oberster Stelle. Nicht umsonst werden kritische Situationen, wie Seilrisse oder Strömungsabrisse, solange geübt, bis der Umgang mit ihnen in Fleisch und Blut übergegangen ist. Start- und Landechecks und die Ausweichregeln müssen genauso beherrscht werden, wie die Fähigkeit, aus dem Trudeln wieder heraus zu kommen. Kein Fluglehrer der Welt wird seinen Flugschüler allein in die Luft schicken, bevor der ihm nicht hinreichend bewiesen hat, dass er mit unvorhergesehenen Situationen adäquat umgehen kann.

Hinzu kommt, dass jeder, der ein Flugzeug fliegt, sich über die Grenzen seiner menschlichen Leistungsfähigkeit bewusst sein muss. Überschätze ich mich, kann das schnell zu gefährlichen Fehlhandlungen führen. Je höher ich komme, umso dünner wird die Luft. So besteht etwa ab einer Höhe von 3500 Metern die Gefahr, dass mir ohne zusätzlichen Sauerstoff schwindelig werden kann, die Reaktion abnimmt oder ich Kopfschmerzen bekomme. Eine ausgiebige Feier am

Vortag kann so viel Restalkohol hinterlassen haben, dass Urteilsvermögen und Reaktion eingeschränkt sind. Ein fehlender Sonnenhut kann zu einem Sonnenstich führen und zur eigenen Sicherheit sollte ich stets darauf achten, mich mit ausreichend Sonnenschutzcreme einzureiben. An heißen Tagen ist es wichtig, genug zu trinken. Kopfschmerztabletten können meine Wahrnehmung genauso einschränken, wie privater Ärger, den ich mit nach „oben" nehme. Mit anderen Worten: Ich muss mich ganzheitlich verstehen und darf mir nicht mehr zumuten, als ich zu leisten imstande bin. So trägt auch die körperliche Fitness zur entspannten Teilnahme am Segelflugsport bei. Ich selbst versuche das durch halbwegs regelmäßiges Joggen.

So schön das Segelfliegen auch ist, und ich habe versucht, es auf den Seiten zuvor zu beschreiben, darf ich den Respekt vor den Gefahren nicht verlieren. Hier, wie auch beim Motorradfahren oder Segeln (mit dem Motorrad bin ich noch heute unterwegs, mein Segelboot habe ich inzwischen verkauft), fuhr ich nach dem Motto „Vorsicht ist keine Feigheit und Leichtsinn ist kein Mut" immer gut.

Lassen sie mich an dieser Stelle von einigen mir erzählten Tatsachenberichten (!) erzählen, die ich selber kaum glauben konnte, als ich sie hörte. Klaus, 71 (Name verändert) war ein überaus netter und liebenswürdiger Mensch und ehe-maliger Segelflugscheininhaber. Er half bei allem, was auf dem Flugplatz anfiel ohne sich selber zu schonen und war stets für ein Schwätzchen zu haben. 35 Jahre waren vergangen, seit er das letzte Mal geflogen war. Jetzt wollte er seinen

Segelflugschein auffrischen. Was Klaus aus seiner damaligen Fliegerzeit zu berichten hatte, war allerdings erstaunlich:

Da gab es einmal eine Klo-Rolle, die während des Fliegens aus dem Fenster geworfen wurde. Diese wickelte sich, wie es nicht anders zu erwarten war, umgehend ab. Das „Spielchen", das dann folgte, hieß: das abgewickelte Toilettenpapier einmal mit der linken, dann mit der rechten Tragfläche seines Flugzeuges zu durchtrennen. Ein zweiter Segelflugpilot begutachtete das ganze Unterfangen (natürliche auch im Flug) – das nächste Mal würde er es dann versuchen.

Später gab es eine Wette, ob sein Fliegerkamerad „XY" es schaffen würde, während einer Platzrunde, die ihm von seiner Mutter mitgegebene Stulle in Gänze beim Fliegen aufzuessen. So stopfte er sich binnen 3-5 Minuten die Stulle in sich hinein. Gleichzeitig steuerte er sein Flugzeug, beobachtete den Luftraum, bediente die Ruder und später zusätzlich noch die Landeklappen.

Zu dem hier Erzählten kann sich nun jeder seine eigenen Gedanken machen. Dass Klaus selbst, wie auch andere aus seinen Erzählungen, teilweise tragische Flugunfälle erlitten, wundert dann nicht wirklich. „Das wird wohl gut gehen", dachte er sich und flog während eines Überlandfluges genau hinein in die Gewitterwolke. Durchgeschüttelt von Fallböen kam er ins Trudeln und sein Flugzeug geriet außer Kontrolle. Klaus stürzte in ein Industriegelände und zog sich schwerste Verletzungen zu.

Ein anderes Mal erwischte es ihn (unschuldig, wie er

betonte) beim Landeanflug, wo er von einer Gewitterbö erfasst wurde. Aus 2 Meter Höhe fiel er wie ein Stein zu Boden. Klaus selbst kam zwar weitestgehend mit dem Schrecken davon, aber sein GFK-Flugzeug ging dabei zu Bruch - der Rumpf brach zwischen Tragflächen und Leitwerk in zwei Teile. Und so zeigte er in fast allen seinen Erzählungen, wie man es gerade nicht machen sollte.

Ich denke, dass der Respekt gegenüber den Gefahren beim Segelfliegen nie verloren gehen darf. Das soll keine Angstmacherei sein, sondern ein freundlicher Hinweis darauf, doch mit einem gewissen Maß von Ehrfurcht an die Fliegerei heranzugehen.

Anders als bei den im Büchlein oft erwähnten Störchen, die für das Fliegen geradezu geschaffen sind, können wir nur sicher abheben, wenn unser Flugzeug, zusammen mit uns, eine funktionierende Einheit bildet. Ich kenne keinen Segelflieger, der nicht selbst schon einmal in eine unvorhersehbare Situation gekommen ist, mindestens bei einem Seilriss, oder wenn er sich gleichzeitig mit mehreren anderen Segelflugzeugen beim Landen die Landebahn teilen musste. So etwas kommt immer wieder einmal vor. Wichtig hierbei ist dann allerdings, ihr nicht unvorbereitet, oder schlimmer noch, kopflos gegenüber zu stehen, sondern darauf gefasst zu sein und eine Idee zu haben, wie dann zu verfahren ist. Oft bleibt in Grenzsituationen wenig Zeit. Daher sollen wir uns ja bereits vor dem Start genau überlegen und darauf vorbereitet sein, wie wir im Falle eines Seilrisses reagieren. Auch kann ich es nicht ändern, wenn gleichzeitig mit mir, noch andere Segelflugzeuge landen müssen. Also habe ich mir bereits vor der Landung, beim Landecheck zu überlegen, wo ich aufsetzen will und meinen Landeanflug entsprechend einzuteilen. Dazu gehören, die Windstärke- und Richtung anhand des Windsacks auf dem Flugplatz festzustellen und die Stärke meines Sinkens (Variometerausschlag beobachten) zu beachten.

Wird das alles befolgt, ist das Segelfliegen nicht gefährlicher als Wandern oder Radfahren.

19. Kapitel

„...du wirst es überleben."

Bereits zwei Wochen später, es war inzwischen Mitte April, stand ich erneut auf dem Segelflugplatz, leider schon wieder bei launischem und kaltem Wetter. Dabei hatte ich so auf ein mildes Klima gehofft. Schließlich gab es in Berlin bereits zarte Knospen, überall wo man hinsah und diesen herrlichen Frühlingsduft, den alle so liebten. Über allem lag ein sanfter Schimmer frischen Grüns, unzählige Vögel zwitscherten fröhlich ihre Lieder und die Forsythien leuchteten in schönstem Gelb. Selbst die japanischen Kirschbäumchen trugen bereits wunderschöne rosa Blüten. All diese Frühlingsattribute gab es zwar auch hier in Oerlinghausen, nur dass es bei Tagestemperaturen um die 7°C und frischem Nord-Ost-Wind schwerfiel, ihnen Aufmerksamkeit zu schenken.

Angemeldet war ich für drei Tage, Mittwoch bis Freitag und ich freute mich schon darauf, wieder auf meine Fliegerkameraden zu treffen. Irgendwie fühlten wir uns alle als Teil der großen Gemeinschaft der Segelflieger. Das war so etwas wie ein unsichtbares Band, das uns einte. In all unserer Verschiedenheit waren wir hier zusammengekommen, um, jeder für sich, das faszinierende Abenteuer des Fliegens zu erleben, oder besser gesagt, zu genießen. Hierin waren wir uns gleich und genau das war es, was jeder von uns spürte.

Und so hielten dann am 10. April sieben hartgesockene Segelflieger, fröstelnd der Kälte trotzend, auf dem Flugfeld aus und drehten tapfer ihre Platzrunden. Hierbei waren sie eingemummt wie im tiefsten Winter und hatten mit den vielen Schichten, in die sie geschlüpft waren, es nicht leicht, sich in die engen Cockpits ihrer Segelflugzeuge zu quetschen. Einer von ihnen war ich.

Doch die Freude am Fliegen war größer als die Mühen, die wir wettermäßig dafür in Kauf zu nehmen hatten.

Neben dem Aprilwetter, denn zwischendurch gab es zu allem Ungemach auch noch Ansätze von Schneetreiben, beschäftigte mich die Frage, ob es diesmal klappen würde, meine ersten drei Alleinflüge zu absolvieren. Entsprechend machte ich mit meinem Fluglehrer da weiter, wo ich mit ihm vor 1 ½ Wochen aufgehört hatte. Mit anderen Worten, wir übten insbesondere das Landen. Denn es hatte sich herausgestellt, dass ich hierbei einen für uns beide unerklärlichen Hang nach links hatte. Diesen galt es zu korrigieren. Das waren die ersten zwei Tage.

Der dritte Tag, also der Freitag, verlief anders. Im ersten Moment fragte ich mich, ob mit meinem Fluglehrer etwas sei, denn bei unseren ersten drei Flügen am Vormittag war er wie verstummt. „Du machst das wieder alles“, war das Einzige, was er sagte, während wir die Vorbereitungen für die jeweiligen Flüge trafen. Diesmal gab es keinerlei Hinweise zu Start oder Landung. Hatte ich ihn verärgert, machte ich beim Fliegen immer noch Fehler und er überlegte, wie er es mir schonend beibringen sollte? (Ich muss allerdings sagen, dass ich derlei Zwischenmenschliches nicht einmal im Ansatz mit ihm erlebt hatte.) Oder lag es am Wetter? Das Thermometer hatte sich auf lausige 5°C eingependelt, der Wind blies kalt aus östlicher Richtung, dunkle Wolken hingen schwer über unserem Platz und von Zeit zu Zeit fegten uns sogar Schneeflocken ins Gesicht. Es schien fast so, als ob der Frühling Oerlinghausen vergessen hatte. Alle froren und freuten sich darauf, sich in Kürze im Speisesaal wieder etwas aufwärmen zu können. Na mal sehen, was der Tag noch so bringen würde, dachte ich mir, als wir um 13:00 Uhr zur Mittagspause gingen.

Nach der Pause ging es gleich weiter. Seilrissübung in 100 Meter Höhe! Sofort nachdrücken und die Normalfluglage herstellen, 3x ausklinken (um, im Falle eines tatsächlichen Seilrisses, das Seilende abzuwerfen), verkürzte Platzrunde, einkurven und landen. Alles richtig gemacht – mein Fluglehrer war zufrieden.

Zurück am Start, sagte er mir, dass es doch für mich langweilig wäre, immer nur mit ihm zu fliegen, ich solle doch mal mit Eva (Name verändert) fliegen. Eva war die Woche über zwar „nur" zum Fliegen gekommen, und zwar ausschließlich für sich allein, doch als Fluglehrerin durfte sie auch Schulungsflüge, sozusagen als Gastfluglehrerin, durchführen. Eva war eine rheinische Frohnatur. Dank ihrer unkomplizierten lockeren Art hatten wir schon die vergangenen Tage viel gemeinsam gelacht und dabei dem üblen Wetter versucht ein Schnippchen zu schlagen. Nun saß sie hinter mir im Flugzeug und sollte höchstwahrscheinlich meine Flugfähigkeiten bewerten, auch Checkflug genannt. Der Flug verlief aus meiner Sicht recht gut. Bezüglich des Starts bekam ich noch einen kleinen Tipp von ihr mit auf dem Weg. Schließlich gab sie mir, mit einem breiten Grinsen im Gesicht, folgendes abschließendes Urteil: „...du wirst es Überleben" und meinte damit wohl, dass auch sie es so einschätzt, dass ich jetzt so weit wäre, allein zu fliegen. Das war der aufbauende Humor von Eva.

Zurück am Start fragte mich dann mein Fluglehrer, ob ich mich in der Lage fühlte, nun auch einmal ohne Fluglehrerbegleitung zu fliegen.

Wie lange hatte ich auf diese Frage gewartet? Ja, ich fühlte mich fit – lange genug waren schließlich die Vorbereitungen auf diesen Moment hin. Nur war die Stunde der Wahrheit gekommen und mein erster Alleinflug stand kurz bevor! Mir war bei meiner Antwort klar, dass es im Flugzeug, sobald es erst einmal in der Luft war, kein Zurück mehr gab.

Auf dem Rücksitz meiner ASK 21 wurde nun alles festgezurrt, denn der Platz hinter mir blieb ja jetzt leer.

Nach dem Einsteigen fühlte ich mich in dem kleinen Cockpit auf seltsame Weise geborgen. Da waren die inzwischen vertraut gewordenen Instrumente. Der Fahrtmesser, den zu beobachten so wichtig war, der Höhenmesser oder das Variometer, dem sehnsuchtsvoll alle Aufmerksamkeit galt, um auch ja jegliches Steigen zu registrieren. Die geschlossene Haube bot Zuflucht und ein Gefühl von Sicherheit zugleich. Und mit einem Male wurde die kleine Kabine Teil einer ganz eigenen Welt, in die ich nun einzutauchen in Begriff war. Das gesamte Treiben auf dem Flugplatz um mich herum wurde irgendwie dumpf, und drang nur noch nebelhaft in meine Wahrnehmung. Mein Körper befand sich zwar noch auf dem Boden, die Gedanken aber flogen bereits weit oben in der Luft. Selbst die niedrigen Temperaturen und das Frieren waren vergessen.

Noch schnell eine Sprechprobe mit dem Funkgerät und schon war ich mitten im Startcheck. Wie oft nur hatte ich ihn vorher durchgeführt? Über 100 Mal inzwischen. Die Zeit verlief wie im Traum. Dass es genau in diesem Moment auch noch, zumindest ansatzweise, zu schneien begann, störte mich nicht, denn wir hatten immer noch ausreichend Sicht und mein Adrenalinspiegel kämpfte wirkungsvoll gegen das Frieren an. Wie gesagt, wir hatten eine Tagestemperatur von etwa 5°C und um uns tobte Aprilwetter wie aus dem Lehrbuch.

12. April 2019, 16:23 Uhr. Ein Blinklicht auf dem Dach der Seilwinde fing an zu leuchten und mit einem Ruck ging es auch schon los. Noch während ich den Helfer am linken Flügel aus dem Blickwinkel heraus beobachtete, setzte sich das Flugzeug in Bewegung - von 0 auf 100 in drei Sekunden! Kurz darauf hob es vom Boden ab. Es war noch immer derselbe Zauber wie damals, als ich 1968 in der DC-6 der *PanAm* saß. Selbst wenn ich heute verstand, warum ein Flugzeug fliegen konnte, erlebe ich voller Faszination jedes Mal erneut den Moment, wenn die Luftströmung langsam die

Tragflächen zu lupfen beginnt und schließlich das Flugzeug emporhebt. Wie immer nahm ich den Gesang des Windes wahr, während er an den Tragflächen entlang glitt. Er konnte zwar von Aerodynamik und der Physik des Fliegens nichts wissen, tat aber intuitiv genau das, wofür unsere Flugpioniere jahrelang nach Erklärungen gesucht hatten.

War es das, was die Vögel so frei und leicht wirken ließ, wenn sie sich dem Spiel des Windes hingaben? Das Mitgenommen- und Getragenwerden von einer Böe?

Das alles spürte ich im Moment meines ersten Alleinflugs ganz besonders.

Steigflug: Aufmerksam achtete ich auf meine Fluglage, lauschte auf alle Fluggeräusche und versuchte eventuell ungewöhnliche Änderungen während des Schleppvorgangs wahrzunehmen. Hoffentlich keinen Seilriss! Denn es konnte zu jedem Zeitpunkt des Starts passieren, dass ein Seilriss eintrat und ich entsprechend reagieren musste. Einen Fluglehrer, der in solchen Situationen helfend eingreifen konnte, gab es nun schließlich nicht mehr. Doch alles ging gut. Unsichtbare Kräfte trugen mich höher und höher. Mit jedem gewonnenen Höhenmeter begann sich der Himmel ein Stück mehr zu öffnen. Wundersam, wie im Märchen, wurde alles kleiner und kleiner, bis ich mich voll und ganz in der Obhut des Himmels befand, der in diesem Moment mit seinen Winden, umhertanzenden Luftmassen und den sich ständig verändernden Wolken, fast wie ein Lebewesen auf mich wirkte.

Die Schleppgeschwindigkeit ließ allmählich nach. Das war

für mich das Zeichen, dass ich in Kürze den Ausklinkraum erreichen würde.

Nach dem Ausklinken war die erste Aufregung überstanden und es kehrte wieder Ruhe im Flugzeug aber auch in mir ein. Den Start hatte ich nun hinter mir. 420 Meter Höhe waren erreicht, und ich hatte meine ASK 21 inzwischen auf ihre normale Geschwindigkeit von etwa 80-90 km/h gebracht. Jetzt, mit nur einer Person im Cockpit, lag die Horizontlinie etwas höher. Nun begann meine Platzrunde, genauso, wie ich es vorher so oft geübt hatte. Unaufgeregt flog ich im Übungsraum meine Kreise – rechtsherum und linksherum. Bei den Flügen im vergangenen Jahr bin ich hier oft Thermik getroffen – heute allerdings nicht. Zwar war es noch etwas ungewohnt, allein und ohne Fluglehrer zu fliegen, doch ich war beeindruckt von dieser neu gewonnenen Freiheit. Auf mich ganz allein gestellt, steuerte ich das Segelflugzeug. Aufmerksam beobachtete ich den Luftraum, kontrollierte die Geschwindigkeit und teilte meinen Flug ein. An einigen Stellen trug die Luft ganz gut, hier betrug das Fallen nur zwischen null und einem Meter pro Sekunde. Ich genoss den Moment, den Blick auf den Teutoburger Wald, das Rauschen des Windes und das neue Gefühl, endlich allein zu fliegen. Jetzt, während meines ersten Alleinfluges, nahm ich bewusst wahr, wie Fliegen zu einer einzigen Meditation werden konnte, zu einer stillen Zwiesprache mit Gott – für mich ein unbeschreiblicher Glücksmoment.

Nur ein kleiner Sonnenstrahl reichte aus, um mit meinem Flugzeug einen Schatten auf dem Erdboden zu erzeugen.

Einer flüchtenden Ringelnatter gleich, huschte er still und flink über die Landschaft.

Im Augenblick schien ich der einzige zu sein, der sich hier mit seinem Segelflugzeug in der Luft befand. Das gefiel mir gut, so konnte ich mich voll und ganz auf das Fliegen und vor allem auf die bevorstehende Landung konzentrieren. Zu meiner großen Freude stand mir die gesamte Landebahn zur Verfügung, auch war weit und breit kein anderes Flugzeug zu erkennen, das mir beim Landen hätte in die Quere kommen können. Ich wählte für das Aufsetzen die rechte Seite der Landebahn, sie war unserem Startplatz am nächsten. Unmerklich fand ich mich auch schon inmitten des Landechecks. Alles lief genauso ab, wie ich es vorher ausgiebig geübt hatte und die gutgemeinten Tipps meiner Fluglehrer klangen mir dabei im Kopf, als säßen sie immer noch hinter mir. Kurz darauf erreichte ich die Position, an der ich etwa 230 Höhenmeter hatte – wie x Mal geprobt. Noch zwei Kurven und im nächsten Moment flog ich auch schon auf das Lande-T zu. Mit ausgefahrenen Bremsklappen und auf meine Geschwindigkeit achtend, ungefähr 110 km/h waren zu halten, leitete ich den Abfangbogen ein. Jetzt nur noch am Höhenruder ziehen. Schon berührte meine ASK 21 mit ihrem Spornrad sachte die Grasnarbe. Es folgte eine saubere Landung – wie oft hatte ich das vorher üben müssen? Schließlich setzte ich auf und rumpelte über die Wiese, bis das Flugzeug völlig zum Stillstand kam und sich langsam zur Seite neigte. Die Erde hatte mich wieder. Nun war ich kein Geschöpf mehr der Luft, frei und losgelöst von der Schwerkraft, sondern wieder eins der Erde.

7 Minuten dauerte mein erster Alleinflug.

In mir jubelte und sang alles – so glücklich kehrte ich von meinem ersten Alleinflug zurück!

Nun war nur noch die Frage offen, was wohl mein Fluglehrer zu meiner „Darbietung" sagen würde und welchen Eindruck mein Flug von der Erde aus betrachtet, gemacht hatte? Aber auch hier schien es keinen Anlass zur Kritik zu geben. Es war offensichtlich eine unauffällige Platzrunde, wie sie zum Alltag des Fluggeschehens auf einem Segelflugplatz gehörte. Genau das sollte es ja auch sein.

Gleich im Anschluss folgten noch zwei weitere Flüge. Und mit jedem Flug wuchs mein Selbstvertrauen, tatsächlich ein Segelflugzeug fliegen zu können. Dass mir währenddessen immer wieder Schneeschauer sprichwörtlich in die Quere kamen, störte mich dabei überhaupt nicht, denn ich war viel zu sehr mit mir und dem Fliegen beschäftigt.

Eigentlich waren diese Flüge gar nicht so viel anders, als mit Fluglehrer. Nur dass ich nun ganz allein für mich verantwortlich war, und ich mir darüber bewusst sein musste, in jeder Lage allein zurechtzukommen.

17:30 Uhr: Glücklich im Herzen löste ich nach dem letzten der drei Flüge die Anschnallgurte und nahm den Fallschirm ab. Jetzt genoss ich die wenigen Minuten neben meiner ASK 21, die mich eben noch so stolz durch die Lüfte getragen hatte, bis mein Kamerad mit seinem Caddy kam, um das Flugzeug wieder zurück zum Start zu ziehen. Nun war er noch einmal mit Fliegen dran, denn meinetwegen hatte er diesmal lange darauf warten müssen. Nichts war an diesem späten Nachmittag für mich berauschender, als ein Flugzeug zu fliegen.

Diese drei Flüge waren die Flüge 121, 122 und 123 in meinem Flugbuch und die ersten, die ich ohne Fluglehrer durchgeführt hatte.

20. Kapitel

Die Fliegertaufe

Selbst der Feierabend war an diesem Tag anders. Zwar brachten wir unsere Flugzeuge wie gewohnt zurück in die Halle, doch verabschiedeten wir uns zunächst nicht. Nein, heute gab es, sowie sich die Hallentore geschlossen hatten, eine kleine Ansprache von meinem Fluglehrer und auf einmal stand ich im Mittelpunkt des Geschehens. Schließlich hatte ich mich heute „freigeflogen", wie es unter Segelfliegern hieß, was nach alter Tradition gebührlich gefeiert werden musste.

Die Fliegertaufe bestand darin, dass ich mich nach vorn am Hallentor mit beiden Händen angelehnt, also rücklings zu meinen Fliegerkameraden, aufzustellen hatte. Nun kam einer nach dem anderen heran, es waren neun Personen, und gaben mir einen mehr oder weniger kräftigen Klaps auf den Hosenboden. Das war ja schließlich die Stelle, wo ein Segelflieger sein Gefühl haben sollte. Einige waren dabei richtig gemein. Und weil sie meinten, dass neun Anwesende zu wenig wären und ich noch etwas mehr „Gefühl" bräuchte, wurde die Runde noch einmal wiederholt.

Diese Tradition spürte ich während der gesamten 4-stündigen Rückfahrt, denn leider waren meine drei Tage schon vorüber und am selben Abend saß ich wieder im Auto und fuhr in Richtung Berlin.

Mit im Gepäck war eine Urkunde mit den folgenden

bedeutungsvollen Sätzen:

„André Heldner hat heute seine ersten drei Alleinflüge absolviert. Er hat somit die fliegerische A-Prüfung nach den Bestimmungen des DAeC bestanden und hat damit das Recht, das A-Abzeichen zu tragen."

Auf der Anstecknadel, die mir mein Fluglehrer überreicht hatte, war eine weiße Möwe auf blauem Grund abgebildet.

21. Kapitel

Zu guter Letzt

Ja, ich beabsichtige, dem Segelfliegen treu zu bleiben. Die B- und C-Prüfungen sind hierbei die nächsten Herausforderungen. Sodann kann ich die Lizenz zum Segelflugzeugführer, dem „eigentlichen" Segelflugschein, erwerben (nicht aber, ohne vorher weitere Prüfungen abzulegen).

Bis dahin liegt noch ein langer Weg vor mir – mal sehen, wie weit ich komme. Hinzu kommt, dass mir der Fliegerarzt im nächsten Jahr erneut meine Flugtauglichkeit bestätigen muss.

Das Segelfliegen bietet ein breites Spektrum an Möglichkeiten zur Ausübung des Hobbys. Da gibt es die Thermik-, die Hang-, die Alpen-, die Strecken-, die Leistungs-, die Kunst- oder die Wettbewerbsflieger. Mich reizt die romantische Seite des Fliegens, der Blick von oben auf unsere Erde und das spüren von Wind und Wetter, während mich Aufwinde empor tragen. Im Segelflugzeug fühle ich mich glücklich und frei wie ein Vogel.

Ich bin damit zufrieden, in Platznähe zu bleiben, selbst wenn ich hierbei in den Ruf gerate, der „Platzadler vom Dienst" zu sein. Hauptsache ich fliege.

Jeder, der selbst schon einmal ein Segelflugzeug gesteuert

und die grenzenlose Freiheit im Himmel erlebt hat, weiß, was Fliegen bedeutet. Zwar war ich bemüht, genau das in diesem Büchlein zu beschreiben, doch lässt sich die Faszination und Gefühlswelt eines Piloten nicht in bloße Buchstaben, Worte oder Formulierungen zwängen. So war ich in meinen Texten bemüht, Bilder zu zeichnen, die das Herz ansprechen, gleichsam einer Reflexion des uralten Menschheitstraums vom Fliegen. Nur dass ich anstelle eines Pinsels, die Tastatur meines Notebooks hierfür benutzt habe.

Alles auf der Erde erscheint aus dem Cockpit eines Segelflugzeugs heraus betrachtet, banal und unbedeutend. Und plötzlich begreife ich, wie erhaben der Begriff Schöpfung ist und wie viel Sehnsucht in ihm liegt. Das einzige was dort oben noch zählt, sind der Himmel, das Rauschen des Windes und das einzigartige Gefühl, auf eine ganz besondere Art „Herr der Lüfte" zu sein. Hunderte von Metern über dem Boden ist Demut kein Ausdruck der Unterdrückung, des sich Duckens, wie es von vielen Menschen missverstanden wird, sondern Ausdruck einer unbeschreiblichen Gemeinschaft mit Gott.

Übrigens bieten die meisten Segelflugvereine und Flugschulen Gastflüge an. Hier ist es für wenig Geld (ca. 20-30 EURO pro Flug) möglich, das großartige Gefühl des motorlosen Fliegens selbst einmal zu erleben. Probieren sie es aus, mich würde es freuen.

Doch Vorsicht, es besteht Suchtgefahr!

„Hals- und Beinbruch"

Ende

Nachtrag

September 2019. Nach der A-Prüfung dauerte es noch drei Monate, bis ich mit dem Skript für dieses Büchlein fertig war. Mit solch langer Zeit hatte ich nicht gerechnet. Auch erforderte das Gegenlesen und Einarbeiten von Korrekturen mehr Zeit als gedacht. Anders war es mit meiner Fliegerei. Ohne Verzögerung setzte ich die Ausbildung fort und genoss es, endlich allein fliegen zu dürfen. In den darauffolgenden Wochen wurde ich auf Einsitzer vom Typ ASK 23B umgeschult. Mit ihnen gelangen mir im Juli und August viele herrliche Flüge. Und nicht nur das, sondern am 9. Mai konnte ich die theoretische und am 18. Juli die praktische B-Prüfung ablegen. Damit hatte ich bewiesen, auch in schräger Kurvenlage, saubere Kreise und Achten fliegen zu können, sowie zusammen mit anderen Segelflugzeugen, im thermischen Aufwind zu kreisen.

Nun neigt sich die Flugsaison 2019 dem Ende zu – fliegen möchte ich aber noch, solange es geht.

„...wundersam wie im Märchen trugen mich unsichtbare Kräfte immer höher und höher. Hunderte von Metern über dem Boden ist Demut kein Ausdruck des sich Duckens, sondern einer unbeschreiblichen Gemeinschaft mit Gott."

Der Autor